Cubistes
Futuristes
Passéistes

DU MÊME AUTEUR

Les Féeries de Paris. (*Couverture de R. Carabin.*)
Les Soupeuses. *Dessins de George Bottini.*)
Le vrai J.-K. Hüysmans. (*Portrait de J.-F. Raffaëlli.*)
Poupées de Paris.
Henri de Toulouse-Lautrec. (*Avec des illustrations.*)
Le vrai Rodin. (*Avec des illustrations.*)
Paris, voici Paris ! (*Couverture de Sacchetti*).

THÉATRE

(Seul ou en collaboration.)

M. Prieux est dans la salle !
Deux heures du matin... quartier Marbeuf. (*Couverture de Geo Dupuis.*)
Hôtel de l'Ouest... chambre 22.
Une nuit de Grenelle. (*Couverture de Geo Dupuis.*)
Sainte-Roulette.

En préparation :

Les Pantins de Paris. (*Avec des illustrations de J.-L. Forain.*) A. Blaizot, éditeur.
Pierre Bonnard. (H. Floury, éditeur.)
Rodin. (Bernheim-Jeune, éditeurs.)
Les Assassins de l'île Saint-Louis (Roman).
Rodin à l'Hôtel Biron et à Meudon. (P. Ollendorff, éditeur.)

CUBISTES
FUTURISTES
PASSÉISTES

Essai sur la Jeune Peinture
et la Jeune Sculpture

PAR

GUSTAVE COQUIOT

AVEC 48 REPRODUCTIONS

SIXIÈME ÉDITION

1914

LIBRAIRIE OLLENDORFF
50, Chaussée d'Antin, 50
PARIS

Copyright by Librairie Ollendorff, 1914.

IL A ÉTÉ TIRÉ A PART :

dix exemplaires sur papier du Japon,
dix exemplaires sur papier de Chine,
dix exemplaires sur papier de Hollande,
douze exemplaires sur vélins de couleur,
numérotés à la presse.

QUELQUES MOTS

Voici la floraison des plus notoires représentants de la jeune Peinture et de la jeune Sculpture actuelles. Les uns ne se renouvelleront plus ; les autres sont en pleine évolution. Tous ont des ardeurs sublimement juvéniles ; et, comme autrefois à Alexandrie, où plus de cinq cents religions croassaient en même temps, dans un chaos de cris et de prophéties, chacun des artistes ici choisis clame, par son œuvre, ce qu'il affirme être l'unique et absolue vérité. Jamais l'époque ne s'est présentée de ce fait plus déséquilibrée et plus divertissante. L'Art est secoué tiraillé, sacquebuté; on le traîne en toute liberté parmi les fondrières les plus hérissées d'épines et aussi au travers des champs de roses. On veut lui faire rendre tout ce qu'il retient dans sa gorge et dans ses tripes. On recueille ses hoquets, ses pâmoisons, ses colères, ses soûleries, et aussi on recueille ses vomissements. Et tout est encore à exprimer ! Aussi, dans cette corbeille de jeunes peintres et de jeunes sculpteurs se trouve-t-il des réactionnaires déjà et des ancêtres ! Mais surtout des ombres augustes planent au-dessus de certains d'entre eux ; et elles vivent plus que jamais, pour ceux-là, dans les petites chapelles, les magnifiques ombres de saint Cézanne, de saint Van Gogh et de saint Gauguin, les trois grands Bienheureux !

Mais entrons au jardin !

LA JEUNE PEINTURE

Nous suivrons rigoureusement l'ordre alphabétique.

Mme GEORGETTE AGUTTE

J'ai eu un plaisir tout de suite à voir ses aquarelles, combien ? des centaines, des milliers, consacrées à la Montagne, à la Neige !

Pour la première fois, la montagne de neige restait immense, auguste. Les sapins qui la hérissaient parfois ajoutaient à son pittoresque, mais ne la diminuaient pas. Elle montait dans sa tranquillité glacée, jusqu'au ciel.

CUBISTES, FUTURISTES ET PASSÉISTES

Et quel bon métier de peintre, dans ces aquarelles solides comme des peintures !

Puis j'ai vu des panoramas de villes, des chaos de toits et de clochers, des silhouettes dentelées de monts. L'Orient, l'Italie, l'Espagne.

Enfin, la Mer ! la mer méditerranéenne avec ses eaux profondes, avec ses villages émerveillés, avec ses rochers rouges.

Puis j'ai vu des paysages de Bonnières ; la Seine — et aussi des jardins fleuris ; de la neige rose et blanche encore sur les arbres.

Puis des nus de femmes ; puis de la sculpture.

Mme Georgette Agutte n'est pas cependant ce que l'on pourrait appeler un esprit touche-à-tout ; mais elle est enragée de travail ; et il est manifeste que pour elle une œuvre qui succède à une autre, est comme une sorte de délassement à la première.

Mme GEORGETTE AGUTTE

Ainsi seulement, certes, peut s'expliquer cette production, dont il est si plaisant de suivre le développement, depuis les conseils de Gustave Moreau jusqu'aux œuvres d'une personnalité très vite acquise.

Ensuite Mme Georgette Agutte est une alerte voyageuse; et s'il est amusant de lui entendre raconter dans quelles conditions souvent rudes tels de ses paysages ont été exécutés, on est bientôt convaincu que l'extrême froid et l'extrême chaleur ne purent lutter contre son entêtement à peindre quand même d'après nature.

Donc nulle défaillance; et, en conséquence, combien de nouvelles toiles toujours!

Aussi, je crois bien que Mme Georgette Agutte a peint maintenant dans tout son prestige la formidable Montagne. Je crois bien aussi que nulle toile bretonnante ne dépasse les jeux bretons qu'elle a peints un jour de la fenêtre de sa villa. Le petit panneau qui contient cette œuvre, est bien supérieur, à dire vrai, dans son observation aiguë, dans son plaisir émouvant à toutes les amples toiles à voiles de M. Cottet. Et le jardin fleuri de Bonnières, avec la ouate de ses arbres fruitiers, quel nouveau et joli poème à la Nature !

Mme Georgette Agutte peint, d'ailleurs, avec une franchise rare et une verve inépuisable. Ses paysages ont un surprenant accent de décision.

Du coup toute la signification du site doit s'inscrire sur sa toile. Je me souviens ainsi d'une petite cabane, qui est là, au pied d'une montagne et avec ses persiennes vertes, comme une douce hôtellerie. Il n'est pas besoin, certes, d'être alpiniste pour sentir tout le chaud réconfort que donne tout de suite cette maisonnette dans cette solitude de neige.

Tous les paysages de Mme Georgette Agutte sont manifestement conçus en vue de cette recherche supérieure : atteindre à la véritable raison d'être de l'œuvre à réaliser.

PIERRE BONNARD

Dans son clairvoyant compte rendu du Salon d'automne de 1910, Louis Vauxcelles, à propos de ce beau peintre, écrivait fort justement :

« M. Bonnard, c'est la fantaisie, l'instinct, le primesaut ingénu, l'invention jaillissante et fleurie, l'agrément français, espiègle et attendri. C'est aussi le délice des gammes atténuées, des tons de tapisseries fanées, des chairs irisées et nacrées dans la pénombre. En ses panneaux décoratifs mille histoires aussi amusantes que les *Mille et une Nuits*

PIERRE BONNARD

nous sont narrées avec verve ; de belles filles nues traversent l'Océan, accoudées à des monstres marins, cependant que des passagers, mal éveillés, regardent avec stupeur, du pont de leur bateau, voguer les sirènes enchanteresses ; un Chinois de paravent songe ; des enfants s'ébattent, une île féérique naît sur un rocher ; des bêtes, flamants, ibis, pélicans goitreux, déambulent. C'est touffu, mais sans désordre, d'une impression où tout se suggère sans s'imposer à nos sens. On évoque les noms de Fragonard, des auteurs aimés des « Cabinets de singes ». Rien de plus moderne, et rien de plus filialement attaché à la tradition. Je crois bien que nous sommes ici en présence d'un chef-d'œuvre. »

Oui, chaque fois que l'on se trouvera devant un panneau décoratif de M. Bonnard, ce sera le même émerveillement. Nul instinct de peintre ne semble être plus spontané,

CUBISTES, FUTURISTES ET PASSÉISTES

plus direct. Ces décorations-là sont longuement mûries ; et cependant elles paraissent se développer sur la toile avec une négligence, un laisser-aller enchantés. On a souvent répété que M. Bonnard était le plus peintre de toute sa génération ; rien n'est plus exact. Il se joue, lui, de toutes les difficultés : et il trouve toujours le moyen de se faire prendre au sérieux avec l'art le plus espiègle, le plus fantaisiste qui soit.

Tout de suite, il a eu une originalité: tout de suite il a eu tous ses dons. Heureux artiste, il n'a eu qu'à travailler pour toujours nous plaire plus que tous les autres. Il a tout essayé et il a toujours triomphé ! Paysages, figures, natures mortes, décorations, intérieurs, portraits, etc., etc... il a tout marqué de sa jeune griffe charmante ; il a tout imprégné de son jeune bonheur. Écoutez ce que M. Octave Mirbeau pense à son sujet :

PIERRE BONNARD

« Bonnard ne se défend pas de laisser partout percer sa fantaisie, au gré de sa curiosité primesautière. Son dessin, spontané, profondément original, aigu, inoubliable, est particulièrement évocateur. Il est aussi malicieux à ravir, d'une grâce souveraine, d'une hardiesse que rien n'arrête. Mais son goût, relevé, rare et un sentiment exquis de la mesure lui donnent l'aisance qu'il faut pour faire jouer les formes et chanter les harmonies les plus inattendues. L'intention qui paraît dans le plus léger de ses traits et le plus frêle en apparence de ses accents de couleur fait du moindre de ses croquis un objet complet, autonome. Il n'y a pas, entre toutes ses œuvres, un seul morceau — si étroit soit le rectangle — où il ne ramasse et n'écrive vigoureusement une composition parfaite. »

Voyez, en effet, ses illustrations de beaux

livres : ses dessins de *Daphnis et Chloé*, de *Parallèlement*, de la *628-E8*, des *Histoires naturelles*, etc., etc. ; chacun de ces dessins-là, c'est tout un bas-relief ou tout un paysage, toute la Femme ou tout l'Animal ! C'est un dessin merveilleux, fait de séduction, de force comme alanguie; — ou c'est l'expressive silhouette de tout un pays, avec des tas de « repentirs » au crayon ou avec ces savoureux noirs d'encre qui font si bien chanter la page !

Quand Renoir ne sera plus parmi nous, c'est, assurément, M. Pierre Bonnard qui sera le véritable enchanteur de la Nuance !

MAURICE DENIS

M. Maurice Denis est un fécond producteur. Il fut un temps, pas très loin de nous, où il était sollicité à la fois et par les choses sacrées et par les choses profanes. Il était alors nettement hanté de ressouvenirs pareillement puissants.

Aujourd'hui, on l'apprécie mieux comme décorateur religieux, si je puis ainsi dire en peu de mots; mais c'est peut-être un tort! Car Hüysmans, meilleur juge que nous tous, faisait peu de cas des charmantes qualités de M. Maurice Denis, en tant que décorateur sacré.

Il m'écrivait, un jour : « Mais il faut l'imbécillité particulière à notre temps pour aimer les faridondaines de M. Denis. C'est dans une sorte de pouponnière odieuse que naissent ses fausses saintes sébacées, toute sa clique de Christs et de Vierges ! Son dessin est sec, laborieux, sans émotion directe ; c'est une écriture de bureaucrate de la peinture ; c'est du zinc même pas assoupli par les coups de maillet ! Quant à sa couleur, comment peut-on vanter, je le demande, ces tons crémeux d'eczéma, ces roses violacés de chairs qui se referment ! C'est, allons, saupoudré de farine, un coloris de fièvre éruptive, rien que cela, et c'est peu, convenez-en ! Et je ne vous parle pas de son goût de la composition ; il est plus niais encore et plus méprisable que tout le reste ! »

MAURICE DENIS

Une opinion que les amateurs n'ont certes point rectifiée. M. Denis, en effet, connaît les plus gros prix auxquels peut atteindre la jeune Peinture. C'est qu'il a des mérites incontestables, que le grand écrivain catholique n'avait pas su distinguer. Les génies ont de ces erreurs-là ! Et puis enfin, il faut bien que, quelquefois, les amateurs prennent leur revanche.

Avec M. Denis, peintre charmant, ils l'ont, je crois, totale !

ANDRÉ DERAIN

Fut un des Fauves du Salon d'automne, avant le trust de l'attention publique organisé par les Cubistes et les Orphistes.

Apprit à peindre dans les champs, en solitaire; se rencontra près de Rueil avec Maurice de Vlaminck; et réalisa, comme lui, des paysages qu'acheta Vollard, ce bon bougre de la Réunion, l'homme de toutes les audaces; et qui, par elles, fut si fastueusement récompensé.

Derain fit aussi de la céramique, et une sorte de cubisme. Cézanne l'influença; mais ne l'empêcha point pourtant d'établir de solides paysages — au contraire.

Il fut un de ceux qui découvrirent la petite ville de Céret, dans les Pyrénées-Orientales: — Céret, qui devait devenir l'année dernière le rendez-vous des Cubistes, Picasso ayant élu cette petite cité.

Derain aime également la figure et le paysage. Il peint des portraits et aussi des ports de pêche, où les bateaux ont des carènes pesantes. La grâce ne l'attire pas. Ses figures sont dures, rébarbatives. Ses paysages sont souvent d'un très bel aspect décoratif.

Aux temps héroïques de l'aviation, il se passionna pour ce sport merveilleux. Il se console de n'être pas Garros ou Brindejonc, en jouant, dans ses repos, de l'orgue.

GEORGE DESVALLIÈRES

En outre de ses dons de peintre, on loue M. George Desvallières surtout, je crois, parce qu'il nous donna maintes fois ce qu'on eût aimé trouver en Gustave Moreau : une joaillerie plus exaspérée, une plus vivante représentation de formes, une plus alerte mise en scène d'anecdotes historiques et mythologiques.

Oui, M. Desvallières, c'est un Gustave Moreau qui enfin veut vivre ! Aux froides réalisations de son quasi-maître, — on sait que M. Desvallières ne compta point dans

GEORGE DESVALLIÈRES

l'atelier de Gustave Moreau, mais qu'il visita souvent seulement celui-ci — aux tempérées images de Moreau, M. Desvallières oppose quelque chose de plus émouvant, de plus pittoresque et une singulière acuité d'esprit.

Je songe, en effet, par exemple, aux illustrations qu'il composa pour le *Rolla*, d'Alfred de Musset. Moreau, sans aucun doute, eût donné là une suite de petites compositions bien agencées, mais inertes. M. Desvallières s'est bien rué lui aussi dans la couleur; mais son œuvre ici est autrement variée et attachante!

Le Christ enfin, M. Desvallières ne l'a pas vu tel qu'un beau jeune homme, presque féminin, type qu'affectionnait Moreau; car ce dernier l'a-t-il dessiné et peint, ce bellâtre qui affligeait tellement Hüysmans! M. Desvallières, encore, s'est plus heureusement souvenu de Mathias Grünewald.

CUBISTES, FUTURISTES ET PASSÉISTES

« Au milieu du tableau (*J.-K. Hüysmans. — Trois Églises et trois Primitifs*), un Christ géant, disproportionné, si on le compare à la stature des personnages qui l'entourent, est cloué sur un arbre mal décortiqué, laissant entrevoir par places la blondeur fraîche du bois, et la branche transversale, tirée par les mains, plie et dessine, ainsi que dans *le Crucifiement* de Carlsruhe, la courbe bandée de l'arc; le corps est semblable dans les deux œuvres; il est livide et vernissé, ponctué de points de sang, hérissé, tel qu'une cosse de châtaigne, par les échardes des verges restées dans les trous des plaies; au bout des bras, démesurément longs, les mains s'agitent convulsives et griffent l'air; les boulets des genoux rapprochés cagnent, et les pieds, rivés l'un sur l'autre par un clou, ne sont plus qu'un amas confus de muscles sur lequel les chairs qui tournent et les ongles devenus bleus pourrissent; quant à la tête, cerclée d'une couronne gigantesque d'épines, elle s'affaisse sur la poitrine qui fait sac et bombe, rayée par le gril des côtes. »

Ce terrible Christ, le Christ des vagabonds, des pauvres hères et de toutes les âmes qui vacillent, M. George Desvallières, par l'exemple que nous présentons ici, a montré qu'il était possible de le renouveler, tout en perpétuant sa sauvagerie sanguinaire et son effroyable hostilité. Je ne sais pas si M. George Desvallières est un catholique pratiquant; mais ce que je sais bien, c'est qu'il devrait être chargé, lui, de la décoration d'une vraie chapelle. Jusqu'à ce jour — je parle de notre temps — il faut bien dire, en effet, qu'elles sont plutôt odieuses les décorations d'églises qui ont été confiées à tort et à travers à des peintres inexistants par des abbés déraisonnables !

Et je me souviens de petits tableaux où M. Desvallières avait exhalé toute son âme et mis à nu tout son cœur. C'étaient d'angoissantes peines qui crevaient là, dans des sortes de géhennes ou sur des gibets. Des femmes à genoux, effondrées, exprimaient toute la douleur du monde, sanglotaient les prières lourdes des Trépassés. Çà et là, des gouttes de rubis luisaient. Tout notre rachat s'échappait et filtrait le long d'un torse affreux, au poil d'ours; un de ces torses de misère que l'on aperçoit, par un jour blafard, dans le fond d'un puits de mine, dans l'épouvante de la terre !

DONGEN (KEES VAN)

Un rare peintre, né à Rotterdam, en Hollande. Il a commencé par peindre — presque classiquement — des paysages de son pays : des moulins et des canaux, à Overschie, à Delfshaven, etc., etc. Puis, il est venu, il y a une vingtaine d'années, à Paris; et il s'est logé à Montmartre. Dès ce moment, il a découvert que la Femme est le « plus beau des paysages » : et il a peint des *Coins de bal masqué*; des *Filles de promenoir*; le *Moulin de la Galette*; des *Danses*; etc., etc.

Tout de suite alors son goût s'est accusé

des chapeaux éclatants, des yeux trop grands et des lèvres trop rouges. Aussitôt, il a exprimé une animalité intense, des désirs de coquetterie et des maquillages excessifs. Dans le moment même enfin, quoique renouvelée, son originalité a été certaine.

Est-ce parce qu'il est un actif voyageur et qu'il regarde les individus plutôt que les Musées ? Il a parcouru ainsi la Hollande, la Belgique, l'Espagne, l'Italie encore, et l'Allemagne, l'Égypte et le Maroc — où il a devancé Henri-Matisse.

Mais à Paris, Van Dongen a, tout de même, son tourne-bride préféré. Et pourtant, d'Égypte, il a rapporté des toiles imprévues, colorées et d'une simplicité significative. Mais Paris, seul, par ses Femmes — les Femmes jolies, parées, parfumées — Paris, seul, peut le retenir.

Van Dongen est aussi potier, sculpteur,

DONGEN (KEES VAN)

— et volontiers discoureur. Mais il *écrit* ses ambitions, au lieu de les parler; et, par là, il se gagne assurément les sympathies les plus revêches.

Voici, inédite, sa toute récente « profession de foi » :

« Vous me demandez comment je suis arrivé à faire ce que je fais? Vous savez comment pousse un arbre, une idée. Un germe peut faire un arbre, une idée. Les conditions voulues sont nécessaires; l'instinct ou le cerveau — ce qui est la même chose — peut guider à trouver les meilleures conditions. La fatalité est la toute première.

* *
*

« Que seraient un poète comme Jésus, un général comme Bonaparte, s'ils vivaient parmi nous?

CUBISTES, FUTURISTES ET PASSÉISTES

*
* *

« Les révolutionnaires sont des fatalités. Les autres hommes composent le troupeau porteur de germes, la glaise malléable. Le troupeau végète, n'est pas Dieu, ne vit pas, mais la vie existe tout de même. L'Art n'a rien à voir dans la vie latente du troupeau; mais l'artiste *peut* y chercher *des aspects dignes* d'interprétation.

*
* *

« Que les phrases prétentieuses, sont choses ennuyeuses !

*
* *

« Je suis une fatalité en qui s'incorpore clairement le rêve d'une vie plus belle, plus harmonieuse, et l'extériorisation de mes désirs s'écrit en des images. On a déjà appelé cela assez justement un « art démocratique et excellent ». Je n'y vois pas d'inconvénient.

« Mais le troupeau qui n'a rien à dire et qui veut parler quand même, enivré par la faculté tout animale de la parole, patauge.

*
* *

« Quand un peintre peint une loque, une ruine, un vaincu, un pouilleux, un Christ crucifié, il fait une mauvaise besogne.

« Quand un écrivain décrit, en poète, des tares, des laideurs, des décadences, il se déshonore.

« Qand un peintre, un écrivain, un sculpteur, un poète enfin, s'abaisse à des besognes de savant, d'instructeur, de politicien, il renonce à être artiste, il n'exalte plus la vie, il n'excite plus les sens. Il n'est donc

CUBISTES, FUTURISTES ET PASSÉISTES

plus créateur mais négateur. Il n'est désormais plus qu'un renégat.

« Le peuple, quand il se fait photographier, met ses plus beaux atours, tâche d'avoir le sourire, quand même ; et les dames et les messieurs de tous les mondes, quand ils se font voir ou peindre, montrent toujours leurs plus brillantes facettes. Le peuple et les gens du monde ont raison en cela.

« Mais beaucoup de « nos artistes » ne sont que des malades, des affaiblis, des « négatifs » faisant de l'art (?) avec la publicité de leurs misères.

« L'absence d'idéal fait qu'on peint des ordures, des paysans, des pommes et des bouteilles, des pauvres et des ouvriers avec un réalisme révoltant.

« Montrez à un esclave deux images : l'une représentant une scène de sa vie misérable, et l'autre une scène d'une vie belle ; il préfère

DONGEN (KEES VAN)

l'image de rêve à l'image de la réalité; et il vous dira qu'il connaît assez sa misère, que c'est assez triste et qu'il préfère une belle fille. L'ouvrier a raison; le « peintre biffin » a tort.

« L'art bourgeois est l'image de la bourgeoisie qui est un nihilisme bassement égoïste en dehors de l'éternité. Une belle image n'est pas la photographie de la vie, mais une chose artificielle, une chose de rêve; et l'art dans une image commence où la nature et la raison finissent. Dès qu'une femme se met un peu de poudre, la peinture commence et il y a un artiste. Les autres, les professionnels de l'art, « ceux en iste » qui viennent et s'en vont par bandes, sont tous des uni-jambistes; ils ne sont que des pauvres hommes ayant du vague à l'âme, des vapeurs comme une petite femme et des crises comme tous les malades. Il est presque naturel que ces êtres faibles et de bonne volonté, n'osent et ne

CUBISTES, FUTURISTES ET PASSÉISTES

peuvent regarder la plus grande beauté en face ; et c'est presque pardonnable quand leur humeur aigrie leur fait mettre leurs toutes petites capacités en commun pour essayer de détruire les images trop puissantes pour leurs sens malades ou absents.

« Étant les barbares que nous sommes et avec la courte vue de nos contemporains, il est presque impossible que dès maintenant on s'aperçoive de la grande et belle vie qui peut exister. Peut-être les Indiens, les Chinois ou les Égyptiens des grandes dynasties, ceux qui pendant des milliers de générations ont vécu des rêves magnifiques, comprendraient-ils ? mais nous, pauvres Européens qui avons tout juste quelques siècles de rêves derrière nous, comment pouvons-nous comprendre ? Comprend-on seulement combien il faut de souplesse, de capacités d'assimilation et de dissimulation à un artisan de rêves, pour pouvoir vivre en côtoyant la vulgarité et les malaises de notre époque ?

*
* *

« On rencontre de par le monde quelques hommes, quelques femmes; on se regarde avec un vague étonnement de se trouver face à face, et cela suffit pour de longs moments.

*
* *

« Peut-être, n'ai-je pas du tout expliqué comment je suis arrivé à faire ce que je fais, et expliquer la suite de mon aventure me paraît encore moins nécessaire. La fatalité fera ce qu'elle veut bien faire, en admettant qu'elle puisse vouloir. »

*
* *

Je n'ajouterai rien à cette « déclaration ». Comme un sage, Kees Van Dongen vit maintenant sur la lointaine et morne rive gauche. Il vient de temps à autre humer les parfums de Paris, considérer ses mirages, s'enivrer de la beauté de ses femmes; puis, saturé de sensations, il s'en retourne; et il inscrit ensuite, dans la plus neuve arabesque qui soit, les rêves colorés de sa vigoureuse et sensuelle imagination.

GEORGES DUFRÉNOY

Quand M. Dufrénoy fait une exposition particulière, on ne manque pas d'entendre ces mots : « Voilà le Boldini du paysage ! »

Évidemment, on fait allusion à sa peinture coulante, ou plutôt à cette peinture écrasée comme du mastic, et qui irrite quelques-uns de ces visiteurs qui s'entêtent à ne pas considérer à une distance suffisante l'ensemble d'un tableau.

Pour ces observateurs qui aiment à renifler la peinture, M. Dufrénoy, à dire vrai, est bourru. Et ce qui les agace peut-être encore bien davantage, c'est que les paysages de ce peintre, qu'ils soient des aspects de Paris, du Midi ou d'Italie, sont toujours traités de cette même façon-là.

D'abord, la peinture, pourrait-on faire remarquer à ces observateurs, ne se renifle pas ! De même qu'il est impossible de mettre son nez sur tous les détails du site choisi par le peintre, de même on doit raisonnablement contempler à distance l'œuvre inscrite sur la toile ; à moins qu'il ne s'agisse, bien entendu, d'une réduction infiniment petite, pour laquelle une loupe même est indispensable.

Et cela dit, sans autre assurance que les tableaux de M. Dufrénoy seront à l'avenir mieux regardés par tous, *indistinctement*, on est bien forcé de convenir qu'un peintre excellent a su choisir, composer et exécuter ces tableaux-là ; qu'il les a dotés d'une personnalité véritable; et que cette peinture *écrasée* fait quelquefois merveille dans certains tableaux, où les pierres sont mouillées de pluie, où l'atmosphère reste chargée d'eau, sous un ciel bas.

GEO DUPUIS

La vie de ce peintre original a été jusqu'à ce jour une vie originale. Tous les autres peintres ont eu, plus ou moins longtemps, des maîtres; ont passé, quelques mois ou des années, par une École ou par des ateliers. — Geo Dupuis, lui, s'est formé dans la rue.

Il n'a même pas eu des camarades pour le stimuler et surtout pour le décourager. Il a vécu solitairement, exerçant une suite d'invraisemblables métiers, dont aucun, avec la meilleure illusion du monde, ne pouvait l'acheminer vers la peinture.

GEO DUPUIS

Nous l'avons connu au moment où, venu du Havre, en paysan, si l'on peut dire, du Danube, il illustrait, pour une librairie de Paris, de nombreux livres.

Il semblait exécuter alors, avec une facilité insolite, tous ses dessins, tout de suite remarqués.

A pleine page, en marge, ce sont, quelquefois, des illustrations un peu lourdes, mais toujours d'un singulier accent personnel. En ce genre, les meilleures réussites de Geo Dupuis restent les illustrations des *Amours d'un interne*, de Jules Claretie; d'*Un Mâle*, de Camille Lemonnier, et de *Pierre et Jean*, de Guy de Maupassant.

Des croquis exacts, pénétrants. Toute la dolente Salpêtrière, par exemple, est représentée par ses paysages, par son église, par ses coins de rues, par ses dortoirs, par ses pavillons, par ses jardins et ses jardinets

— avec une pitié et une sensibilité émouvantes.

Geo Dupuis, vers ce temps-là, dessina aussi des affiches pour « tambouriner » une nouvelle édition des *Misérables* de Victor Hugo.

Ces affiches eurent équitablement le plus insigne succès. Elles étaient, je crois, au nombre de trois; et elles mettaient en scène Cosette et Marius, Javert et Jean Valjean. Elles étaient aquarellées par-dessus un dessin significatif et d'une intensité de vie extraordinaire. Mais on ne pouvait en louer complètement Geo Dupuis; car il paraissait, dès vos premières paroles, n'attacher « à toutes ces choses-là » aucune importance.

C'est qu'il en attachait seulement à *sa* peinture, sur laquelle il peinait en se cachant, obstinément.

On le soupçonnait bien de peindre; mais

il s'entêtait, ne laissait voir que des dessins au crayon noir, rehaussés de quelques notes de couleur.

Et il restait toujours aussi claustral, renfrogné. A Paris, rien ne le tentait. Il vivait à l'écart de tout, déraciné.

Puis, un beau jour, son petit appartement au quai de la Tournelle fut à louer. On interrogea le portier : Geo Dupuis avait disparu.

On sut qu'il était reparti pour le Havre. Paris ne l'avait pas du tout envoûté, celui-là. Il lui manquait le port, ses amis les débardeurs, les marins, ceux avec lesquels il pouvait vivre tout à fait sa vie simple.

Et là-bas, maintenant, il fait des peintures qu'il ne veut pas vendre pas plus qu'il ne les veut exposer. Ce sont des paysages émouvants, longuement regardés, peints à toutes les heures. Ce sont aussi des portraits exécutés dans les tavernes du vieux port pour des camarades d'une heure, de toujours. Et il faut, je crois, tout attendre de ce peintre singulier, le meilleur et quelquefois aussi le pire; jusqu'au jour très improbable où, à peu près content de lui-même, il consentira enfin à exposer quelques-unes de ses œuvres, exécutées trop isolément pour n'être point de fortes œuvres, d'une sûre et marquante originalité. A ce moment-là, Geo Dupuis viendra dans le coin qu'on lui réserve parmi les rares peintres raisonnablement notoires.

JAMES ENSOR
Ses eaux-fortes.

A une exposition de *la Plume*, il y a bien des années, James Ensor présentait, à côté de planches régulières et sages, les curieux concepts d'un esprit hanté de bouffonnerie ; et les deux aspects dédoublaient de manière à peu près nette l'artiste, que violentaient à la fois l'auguste souvenir des paysagistes hollandais et la frénétique et copieuse bizarrerie des Goya et des Gillray, des George Cruikshank et des Jérôme Bosch.

Mais si, d'abord, les deux séries de

planches apparaissaient également belles, on était bientôt forcé de reconnaître pourtant que l'Ensor fantastique et déréglé seul importait. Tout de suite, en effet, si j'excepte, bien entendu, d'innocentes « charges » qui n'avaient vraiment pour but que d'étonner les candides âmes que, sournoisement, elles attiraient, je demande si la planche la plus lumineuse de ses *Classiques* peut, en vérité, rivaliser d'intérêt avec l'étonnante *Entrée du Christ à Bruxelles, en 1889*, ou avec l'interprétation spontanément si joyeuse et si dramatique de *Hop-Frog* ?

Ah ! certes, mieux que nos minutieux et dénués graveurs, celui-là sait donner toutes sensations de lumière et de mouvement ; il ne trace pas sur le cuivre un patient et stupéfiant quadrillé de lignes et de points ; il est plein d'entrain et d'audace ; et je cherche vainement qui peut bien lui damer le pion pour la libre curiosité de la morsure ! mais, j'avoue ne pas goûter, comme ses *Fantastiques*, les planches où de parfaits paysages de villes, où des sites graves sont représentés avec une splendeur pourtant radieuse de lumière et de vie.

C'est que l'artiste ne s'affirme pas ici original et singulier. Si les mémoires les plus débiles ont retenu *la Grande vue de Mariakerke, le Coup de vent, les Barques échouées, le Bassin à Ostende*, etc., elles se souviennent qu'Ensor n'a pas griffé ces planches de sa personnelle estampille. Ce sont bien des ciels compliqués de nuages lourds ou de belles déchirures d'écharpes, des ossatures parfaites d'arbres, de la belle lumière blonde de Turner, d'éclatants noirs et combien de nuances ! C'est adroit et savant et d'un charme certain ; mais on ne peut vraiment considérer ces eaux-fortes, au métier si sûr et si abondant, que comme les haltes ou les repos, pour mieux dire, d'un artiste écœuré et las d'exprimer enfin les monstres qui hantent les rues et les parcs, les maisons et les palais.

⁂

Combien différentes et plus prestigieuses étaient par contre les autres planches qu'il nous montrait. Par elles, Ensor se révélait jovial et féroce, alliant l'entraînement de l'humour anglais à l'abondante fantaisie d'un Téniers exacerbé. C'était bizarre et neuf; je garde le souvenir d'une cuisine spéciale dégustée là pour la première fois. Ensor avait bien dévalisé, pour composer ses mets, les étals de peintres amusants ; mais le tour de main, la saveur étaient bien à lui. Qui ne se souvient par exemple, devant telles de ses planches, des masques de Callot? Mais com-

JAMES ENSOR

bien Ensor anime les Saltabadils et les Alcofribas qui, dans l'œuvre du maître lorrain, restent de sommaires vignettes ! Puis quel sens du grouillement ! Ensor, merveilleux truchement de foules ! Nul n'excelle, comme lui, à vivifier des agglomérats d'individus au repos ou en marche. Et quelle raillerie abondante, violente, joyeuse et triste, funèbre et enjouée ! Prodigue et bien portant, compte-t-il, celui-là, les trésors d'humour qu'il nous jette à la face ? Ah ! sans doute, il nous dit bien qu'il n'est pas dupe, que rien ne compte des institutions, lois et autres actes de l'homme ; mais, vraiment, qui oserait, à moins d'être un résolu Tartufe, lui reprocher d'avoir bafoué par le contour et par la couleur l'ignominie humaine, en tant qu'individu et en tant que collectivité ?

CUBISTES, FUTURISTES ET PASSÉISTES

*
* *

L'Entrée du Christ à Bruxelles, en 1889, le *Mardi gras,* me paraît très complètement exprimer cette façon de voir. Que ceux qui ne connaissent pas cette merveilleuse eauforte, rehaussée d'aquarelle, imaginent une grande descente de Courtille du fond d'un faubourg, qu'éclaire un ciel jaune; qu'ils imaginent la plus folle et la plus hilarante variété qui soit d'horribles trognes, juchées sur des défroques lamentables d'arsouilles; qu'ils imaginent une débandade de bonnes, de juges, de cochers, de portefaix et le Christ sur un âne, derrière les rigides rangs de miliciens grotesques et empanachés de bonnets à poils; qu'ils se disent que tous ces nideux « chie-en-lit » n'ont eu garde d'oublier leurs bannières aux inscriptions comiques; qu'ils conçoivent, s'ils le peuvent, ce qu'une réelle verve peut donner en étonnement et en admiration; qu'ils croient à une gravure échafaudée de façon un peu naïve et lavée de tons transparents très clairs, comme il s'en fit quelques-unes autrefois, dans la maison Pellerin, à Épinal; — et ils auront, en marche, une foule qu'allègrent de fracassantes musiques, une foule qui trognonne, qui se gonfle et qui rougeoie et qui beugle et qui exulte, dans la joie du désir enfin réalisé des dimanches de liesse et des jours fous !

La planche intitulée *Hop-Frog* n'est pas moins épanouie. La foule est, cette fois, au repos. C'est une superbe symphonie en jaune, en rouge et en bleu, qui se déploie sous une nef qui monte jusqu'aux astres. Il est vain, par exemple, de rêver une plus extravagante représentation du drame. La foule bariolée, regarde, les yeux béats, brûler les orangs. L'un d'eux est déjà tombé à terre, et ses pieds se recroquevillent et réjouissent le rang de face des spectateurs costumés en Turcs, en magistrats, en princes de l'Orient; tandis que le leste et subtil Hop-Frog, grimpé sur le lustre humain qui arde, songe à Tripetta vengée et jubile. Du parquet au faîte chargé de foule de la haute nef, les masques considèrent, frénétiquement, le spectacle. Il est en vérité, folâtre et funèbre, tragique et comique, d'une variété drôlatique de pifs et de trognes, de gras et de maigres, de géants et de courtes bottes ! Mais ce qu'il faut voir et retenir, c'est l'intense vie dispensée à tous ces personnages, c'est la bouffonnerie aiguë qui tord toutes les bouches épanouies en croissants de lune ! Et combien Ensor est à l'aise dans le groupement, dans les hiérarchies ! Il connaît, ce clairvoyant, toutes les ressources des masques, ce qu'ils ajoutent de hideur ou de bouffonnerie à la face humaine, et il figure, sans chopper, les majestés des lions tombés dans la débine et le simple groin.

Deux autres planches de même ordre disaient encore l'adresse d'Ensor à disposer des foules en vue d'un acte déterminé. Je veux nommer la *Bataille des éperons d'or* et le *Triomphe romain*. Il a, dans la première, déculotté, comme Doré, des chevaliers dont le derrière est, sans répit, bardé de flèches; mais l'incohérente fantaisie, la vive phalange équestre et pédestre, érigeant des têtes saugrenues, que l'autre ne sut jamais peindre ! La bataille a lieu dans une plaine bordée à l'horizon de petits moulins et de clochers. Les gnons et les horions, les enfilades et les estafilades bossèlent des têtes, piquent des anus, étripent des ventres; et l'on est contraint de regarder toute ligne et tout point de la planche qu'Ensor a su faire gais et vivants.

Dans le *Triomphe romain*, il est loisible d'admirer encore — joie toujours renouvelée chez Ensor — l'entente des sites et des architectures. On peut, pour le même ordre d'étonnement, souhaiter à une illustration de la *Tentation de saint Antoine*, de Gustave Flaubert, cette planche : *La prise d'une ville étrange* — si solennelle et si souveraine, avec ses portiques fous d'Ellora ! Mais quelle planche, mieux que celle de *la Luxure*, eût fait épanouir le rire tonitruant du maître inoublié ?

*
* *

C'est cette petite eau-forte en couleurs que je choisis comme annonciatrice d'un Ensor hanté de démons et de fœtus, de monstres et de sabbats.

JAMES ENSOR

Celui-là a reçu et reçoit encore de solides bourrades. Toutes les fois qu'il se risque à montrer le bout de l'oreille, il lui en cuit. Les bons Belges — mémoires fidèles ! — rappellent, de concert et avec quel entrain ! *les Barques échouées*, *le Moulin de Mariakerke*, qu'exécuta un renommé graveur, alors fort sage. Cette antienne est chantée, on peut le croire, quotidiennement. Alors, vraiment, faut-il outre mesure s'étonner, si Ensor jette quelquefois sur leurs bedaines gonflées de faro des *Squelettes* ou *les Insectes singuliers* ?

Mais *la Luxure* n'est pas, pour qui se souvient, une réponse à la stupidité des foules. C'est une œuvre unique dont la place dans les grands musées de l'avenir est assurée.

Dans une chambre tendue de vert, un vert vénéneux et froid, sur un lit à colonnes

CUBISTES, FUTURISTES ET PASSÉISTES

historiées, trois êtres sont couchés : une femme nue, un homme et la Mort sous les traits d'un vieux notaire chauve, ivrogne et salace. La femme gît, pesant sur le lit de tout son ventre énorme, aérostat gonflé des semences de tout un peuple; et, tassé tout auprès, l'amant, à trogne rose de séminariste luxurieux, lui suce la nuque, que le vieux tabellion considère en bavant, pendant que des fœtus ailés mijotent, comme dans de l'alcool, dans la verte atmosphère de la chambre.

*
* *

Cette très curieuse exposition organisée par feu Léon Deschamps, nous fit voir ensuite un Ensor qu'amusaient les jeux de massacre des foires, les pantins et les guignols populaires. J'avoue ne pas comprendre encore aujourd'hui les mines dégoûtées qu'eurent alors certaines gens devant ces choses. C'est peut-être *excessif*, comme ils disent ; mais c'est pour moi *excessivement* amusant. Je ne connais rien de plus cocasse et de plus outré dans la bouffonnerie que le *Combat des pouilleux Désir et Rissolé*. C'est une scène funambulesque de chie-en-lit et de pantins aux prises dans un coin d'auberge, où des gens, bien allongés sur le ventre, vomissent. Et à cet extrême confin du burlesque, ce sont d'exactes et inouïes physionomies de goinfres ou d'ivrognes placides. C'est vraiment inattendu et drôle. Et des couleurs barbares avivent encore, pour le surplus, de traits rouges, jaunes, bleus ou verts, les faces, les portes, la rampe de l'escalier, où des gens effarés se posent. C'est le dessin incomplet, déformé, ainsi voulu, les articulations cassées des membres qui retombent alors comme des loques. Les trognes sont taillées dans du bois dur, et, apparemment, l'on ne put mieux soigner les formes. On pense alors — et l'on s'égaye — à un jeu de massacre qui en est venu aux mains mêlant, sans pudeur pour le passant, les épouvantements et les hideurs les plus caractéristiques.

Les Bons Juges sont du même acabit. Cette fois, le jeu de massacre attend le jet des boules. L'humour féroce d'Ensor a exprimé d'affreuses faces surchargées de loupes, de verrues et de boutons velus, que je renonce à décrire. Sur le tapis vert, les pièces à conviction s'étalent. Dans le coin, à droite, un profil de gendarme magnifie l'ivrognerie fainéante et lubrique; et au-dessus des chefs sans nom des juges, voici les pieds du Christ qui dépassent, des pieds larges, aux orteils mous.

JAMES ENSOR

*
* *

Esprit superbement curieux et actif, Ensor, a été l'hôte, on le voit, de bien des domaines. Nous avons pris en effet, comme seul motif de ces pages son inoubliable exposition à *la Plume*; et nous avons montré l'artiste sollicité par l'universalité de la vie. Mais comme peintre, il est — on le sait — avec les plus rares. Enviable destinée !

Certes nul artiste n'est plus brutalement persuasif. Vous gardez la mémoire de ses œuvres comme si elles étaient gravées, elles aussi, à l'eau-forte sur votre cerveau. Il est impossible de ne pas revoir à tout propos dans la rue, en présence de juges ou de chefs de bureau, *ses* faces hideuses, cruelles, si horrifiquement animées. Et nous chérissons alors Ensor de plus en plus, parce qu'il nous venge ainsi chaque jour de tous les sordides goujats qu'un sort funeste installa sur de médiocres pavois.

JULES FLANDRIN

Quand on veut choisir dans l'ensemble de l'œuvre de M. Jules Flandrin un tableau, on est très embarrassé.

Choisira-t-on des fleurs, un paysage, une figure moderne ou une évocation mythologique ?

Les unes et les autres choses sont également attirantes. Et puis ce n'est pas tout ! On rencontre encore des aspects de Paris, des gestes de danseurs, des décorations importantes.

Voilà un peintre qui doit bien dérouter les

gens qui achètent des toiles d'après des racontars appuyés. Avec M. Flandrin, on ne sait rien de précis ; et sa trop grande facilité apparente à peindre doit être un sérieux handicap pour sa jeune gloire.

Et, en effet, représente-t-il des figures mythologiques ? Il est alors ingénu et charmant. Ses fleurs ? elles sont d'un éclat joli, d'une délicate fraîcheur. Ses paysages ? ils sont nobles, vastes, en pleine atmosphère. Ses figures modernes, ses portraits ? Ils sont peints avec une bravoure, un entrain excessifs.

C'est même cette joie de peindre qui effraie quelques esprits timorés. Ils font un grief à M. Flandrin de sa fougue, de sa brutalité même, dirais-je pour les contenter. Ils lui reprochent de tout dire, de tout appuyer, de ne rien laisser au rêve, à la méditation, à l'émotion. « C'est une peinture qui a trop de santé ! » disent-ils. Elle détonne, elle éclate, en effet, au-dessus de leurs âmes fatiguées; elle est insolente et vigoureuse.

Elle a surtout l'extrême franchise de sa sincérité.

OTHON FRIESZ

On croit que ce Fauve d'hier vient tout droit de la Scandinavie; et l'on se renseigne, curieusement. On apprend alors que M. Othon Friesz est né au Havre, fils d'armateurs havrais, et que si son origine est bien scandinave, elle date du dix-huitième siècle.

L'œuvre de M. Friesz est déjà abondante. Toutes ses évolutions ont été rapides. Elles se sont produites aussi bien par des figures et par des paysages que par des marines proprement dites. La Normandie, naturellement, a été pour lui un vaste pays à peindre, et le port du Havre a été, par tous les temps, une sorte de leitmotiv pictural, qui l'amena aux différentes manières de sa jeune carrière.

Les Travailleurs à l'automne, que nous reproduisons, marquent un souci de composition qui, désormais, restera une des principales préoccupations de M. Othon Friesz; et, cependant, il se laissera encore entraîner par des sujets en apparence plus simples, tels que la *Cathédrale de Rouen* ou le *Trapéziste au cirque Medrano*.

Tout de même, je crois que la hantise de la mer constituera encore pour longtemps le meilleur intérêt de son œuvre. En exemple, *le Bateau dans la Calanque*, exposé au Salon d'automne en 1911, est une curieuse toile, d'une grandeur certaine. Ce voilier est une sorte de bateau-fantôme très angois-

CUBISTES, FUTURISTES ET PASSÉISTES

-sant, qui nage dans des eaux bleues et roses. Les rochers sont cyclopéens. Cette toile, quel vif souvenir elle laisse, si simple de style, si émouvante !

M. Othon Friesz a voyagé en Italie, en Portugal, en Allemagne ; mais je crois que la Méditerranée, de préférence, lui procurerait les tableaux que l'on peut attendre de lui, après l'envoi au Salon d'automne de 1911. Il sait bien que là se trouvent les plus beaux paysages du monde : les plus beaux rochers et les plus belles criques. Et en transformant, comme il a le droit de le faire, les mâtures et les voilures des bateaux, quels attirants paysages de rêve il réaliserait ; surtout s'il plaçait sur le rivage ces figures qu'il groupe avec tant d'assurance dans quelques-uns de ses paysages édéniques

LES PEINTRES FUTURISTES

Or, présentés par le poète Marinetti, au mois de février 1911, les cinq peintres futuristes italiens Boccioni, Carrà, Russolo, Balla et Severini exposèrent leurs tableaux dans la galerie Bernheim-jeune.

Cette galerie est hospitalière à toutes les évolutions picturales. Les futuristes italiens purent donc s'y manifester en pleine liberté, et y susciter quelque tapage et quelque surprise.

Une profession de foi écrite disait :

« Nous pouvons déclarer sans vantardise

CUBISTES, FUTURISTES ET PASSÉISTES

que cette première Exposition de peinture futuriste à Paris est aussi la plus importante Exposition de peinture italienne qui ait été offerte jusqu'ici au jugement de l'Europe.

« En effet, nous sommes des jeunes et notre art est violemment révolutionnaire.

« Par nos recherches et nos réalisations qui ont déjà attiré autour de nous de nombreux imitateurs doués et d'aussi nombreux plagiaires sans talent, nous avons pris la tête du mouvement de la peinture européenne, en suivant une route différente, mais en quelque sorte parallèle à celle que suivent les Post-impressionnistes, Synthétistes et Cubistes de France, guidés par leurs maîtres Picasso, Braque, Derain, Metzinger, Le Fauconnier, Gleizes, Léger, Lhote, etc.

« Tout en admirant l'héroïsme de ces peintres de très haute valeur qui ont manifesté un louable mépris du mercantilisme artistique et une haine puissante pour l'académisme, nous nous sentons et déclarons absolument opposés à leur art.

« Ils s'acharnent à peindre l'immobile, le glacé et tous les états statiques de la nature ; ils adorent le traditionnalisme de Poussin, d'Ingres, de Corot, vieillissant et pétrifiant leur art avec un acharnement passéiste qui demeure absolument incompréhensible à nos yeux.

« Avec des points de vue absolument aveniristes, au contraire, nous recherchons un style du mouvement, ce qui n'a jamais été essayé avant nous.

« Bien loin de nous appuyer sur l'exemple des Grecs et des Anciens, nous exaltons sans cesse l'intuition individuelle, avec le but de fixer des lois complètement nouvelles qui puissent délivrer la peinture de l'ondoyante incertitude où elle se traîne.

CUBISTES, FUTURISTES ET PASSÉISTES

« Notre volonté de donner autant que possible à nos tableaux une construction solide ne pourra guère nous reconduire dans une tradition quelconque. Nous en sommes convaincus.

« Toutes les vérités apprises dans les écoles ou dans les ateliers sont abolies pour nous. Nos mains sont assez libres et assez vierges pour tout recommencer.

« Il est indiscutable que plusieurs affirmations esthétiques de nos camarades de France révèlent une sorte d'académisme masqué.

« N'est-ce pas, en effet, revenir à l'Académie que de déclarer que le sujet, en peinture, a une valeur absolument insignifiante ?

« Nous déclarons, au contraire, qu'il ne peut pas y avoir de peinture moderne sans le point de départ d'une sensation absolument moderne, et nul ne peut nous contredire quand nous affirmons que *peinture* et *sensation* sont deux mots inséparables.

« Si nos tableaux sont futuristes, c'est qu'ils sont le résultat de conceptions éthiques, esthétiques, politiques et sociales absolument futuristes.

« Peindre d'après un modèle qui pose est une absurdité et une lâcheté mentale, même si le modèle est traduit sur le tableau en formes linéaires, sphériques ou cubiques.

« Donner une valeur allégorique à un nu quelconque en tirant la signification du tableau de l'objet que le modèle tient dans sa main ou de ceux qui sont disposés autour de lui est pour nous la manifestation d'une mentalité traditionnelle et académique.

« Cette méthode assez semblable à celle des Grecs, de Raphaël, de Titien, de Véronèse, est bien faite pour nous déplaire.

CUBISTES, FUTURISTES ET PASSÉISTES

« Tout en répudiant l'impressionnisme, nous désapprouvons énergiquement la réaction actuelle qui, pour tuer l'impressionnisme, ramène la peinture à de vieilles formes académiques.

« On ne peut réagir contre l'impressionnisme qu'en le surpassant.

« Rien n'est plus absurde que de le combattre en adoptant les lois picturales qui l'ont précédé.

« Les points de contact que la recherche du style peut avoir avec ce qu'on appelle *art classique* ne nous regardent pas.

« D'autres chercheront et trouveront sans doute ces analogies qui ne peuvent en tout cas être considérées comme un retour à des méthodes, des conceptions et des valeurs transmises par la peinture classique. »

LES PEINTRES FUTURISTES

*
* *

On lisait ensuite :

« Quelques exemples illumineront notre théorie.

« Nous ne voyons pas de différence entre un de ces nus qu'on appelle couramment *artistiques* et une table d'anatomie. Il y a, en revanche, une différence énorme entre un de ces nus et notre conception futuriste du corps humain.

« La perspective, telle qu'elle est entendue par la majorité des peintres, a pour nous la valeur qu'ils donnent à un projet d'ingénieur.

« La simultanéité des états d'âme dans l'œuvre d'art : voilà le but enivrant de notre art.

« Expliquons-nous encore par des exemples. En peignant une personne au balcon, vue de l'intérieur, nous ne limitons pas la scène à ce que le carré de la fenêtre permet de voir; mais nous nous efforçons de donner l'ensemble de sensations visuelles qu'a éprouvées la personne au balcon : grouillement ensoleillé de la rue, double rangée des maisons qui se prolongent à sa droite et à sa gauche, balcons fleuris, etc. Ce qui veut dire simultanéité d'ambiance et, par conséquent, dislocation et démembrement des objets, éparpillement et fusion des détails, délivrés de la logique courante et indépendants les uns des autres.

« Pour faire vivre le spectateur au centre du tableau, selon l'expression de notre « Manifeste » (j'en donnerai plus loin les points principaux), il faut que le tableau soit la synthèse de *ce dont on se souvient* et de *ce que l'on voit*.

« Il faut donner l'invisible qui s'agite et

qui vit au delà des épaisseurs, ce que nous avons à droite, à gauche et derrière nous, et non pas le petit carré de vie artificiellement serré comme entre les décors d'un théâtre.

« Nous avons déclaré, dans notre manifeste, qu'il faut donner la *sensation dynamique*, c'est-à-dire le rythme particulier de chaque objet, son penchant, son mouvement, ou, pour mieux dire, sa force intérieure.

« On a l'habitude de considérer l'être humain sous ses différents aspects de mouvement ou de calme, d'agitation réjouie ou de gravité mélancolique.

« Mais on ne s'aperçoit pas que tous les objets inanimés révèlent, dans leurs lignes, du calme ou de la folie, de la tristesse ou de la gaîté. Ces tendances diverses donnent aux lignes dont ils sont formés un sentiment et un caractère de stabilité pesante ou de légèreté aérienne.

« Chaque objet révèle par ses lignes comment il se décomposerait en suivant les tendances de ses forces.

« Cette décomposition n'est pas guidée par des lois fixes, mais elle varie selon la personnalité caractéristique de l'objet et l'émotion de celui qui le regarde.

« De plus, chaque objet influence son voisin, non par des réflexions de lumière (fondement du *primitivisme impressionniste*), mais par une réelle concurrence de lignes et de réelles batailles de plans, en suivant la loi d'émotion qui gouverne le tableau (fondement du *primitivisme futuriste*).

« Le désir d'intensifier l'émotion esthétique fondant en quelque sorte la toile peinte avec l'âme du spectateur, nous a fait déclarer que celui-ci « *doit être placé désormais au centre du tableau* ».

« Il n'assistera pas, mais il participera à

l'action. Si nous peignons les phases d'une émeute, la foule hérissée de poings et les bruyants assauts de la cavalerie se traduisent sur la toile par des faisceaux de lignes correspondant à toutes les forces en conflit, en suivant la loi de violence générale du tableau.

« Ces *lignes-forces* doivent envelopper et entraîner le spectateur qui sera en quelque sorte obligé de lutter lui aussi avec les personnages du tableau.

« Tous les objets, suivant ce que le peintre Boccioni appelle heureusement *transcendentalisme physique*, tendent vers l'infini par leurs *lignes-forces*, dont notre intuition mesure la continuité.

« Ce sont ces *lignes-forces* qu'il nous faut dessiner, pour reconduire l'œuvre d'art à la vraie peinture. Nous interprétons la nature en donnant sur la toile ces objets comme les commencements ou les prolongements des rythmes que ces objets mêmes impriment à notre sensibilité.

« Après avoir donné par exemple, dans un tableau, l'épaule ou l'oreille droite d'un bonhomme, nous trouvons absolument oiseux et vain de donner également l'épaule ou l'oreille gauche de cette figure. Nous ne dessinons pas les sons, mais leurs intervalles vibrants. Nous ne peignons pas les maladies, mais leurs symptômes et leurs conséquences.

« Éclairons encore notre idée par une comparaison tirée de l'évolution de la musique.

« Nous avons non seulement abandonné d'une facon radicale le motif entièrement développé suivant son équilibre fixe et par conséquent artificiel, mais nous coupons brusquement et à plaisir chaque motif par un ou plusieurs autres motifs, dont nous n'offrons jamais le développement entier, mais simplement les notes initiales, centrales ou finales.

« Comme vous voyez, il y a chez nous non seulement variété, mais chaos et entrechoc de rythmes absolument opposés, que nous ramenons néanmoins à une harmonie nouvelle.

« Nous parvenons ainsi à ce que nous appelons *la peinture des états d'âme*.

« Dans la description picturale des différents états d'âme d'un départ, des lignes perpendiculaires, onduleuses et comme épuisées, çà et là accrochées à des silhouettes de corps vides, peuvent facilement exprimer la langueur et le découragement.

« Des lignes confuses, sursautantes, droites ou courbes qui se mêlent à des gestes ébauchés d'appel et de hâte exprimeront une agitation chaotique de sentiments.

« D'autre part, des lignes horizontales, fuyantes, rapides et saccadées, qui tranchent brutalement des visages aux profils noyés et des lambeaux de campagnes émiettés et rebondissants, donneront l'émotion tumultueuse de celui qui part. »

*
* *

Impassibles, obstinés, les Futuristes continuaient :

« Il est à peu près impossible d'exprimer par des mots les valeurs essentielles de la peinture.

« Le public doit aussi se convaincre que, pour comprendre des sensations esthétiques auxquelles il n'est pas habitué, il lui faut oublier complètement sa culture intellectuelle, non pour *s'emparer* de l'œuvre d'art, mais pour se *livrer* à elle éperdument.

LES PEINTRES FUTURISTES

« Nous commençons une nouvelle époque de la peinture.

« Nous sommes désormais sûrs de réaliser des conceptions de la plus haute importance et de la plus absolue originalité. D'autres nous suivront, qui avec autant d'audace et d'acharnement conquerront les cimes que nous ne faisons qu'entrevoir. Voilà pourquoi nous nous sommes proclamés *les primitifs d'une sensibilité complètement rénovée.*

« Dans quelques-uns des tableaux que nous présentons au public, la vibration et le mouvement multiplient innombrablement chaque objet. Nous avons ainsi réalisé notre fameuse affirmation au sujet du « *cheval courant, qui n'a pas quatre pattes, mais vingt* ».

« On peut noter, en outre, dans nos tableaux des taches, des lignes, des zones de couleur qui ne correspondent à aucune réalité, mais, suivant une loi de notre mathématique intérieure, préparent musicalement et augmentent l'émotion du spectateur.

« Nous créons ainsi en quelque sorte une ambiance émotive en cherchant à coups d'intuition les sympathies et les attachements qui existent entre la scène extérieure (concrète) et l'émotion intérieure (abstraite). Ces lignes, ces taches, ces zones de couleur apparemment illogiques et inexplicables : voilà les clefs mystérieuses de nos tableaux.

« On nous reprochera sans doute de trop vouloir définir et exprimer d'une façon évidente les liens subtils qui unissent notre intérieur abstrait à l'extérieur concret.

« Comment voulez-vous, d'autre part, que nous accordions une liberté absolue de compréhension à un public qui voit toujours comme on lui a appris à voir, avec des yeux faussés par la routine ?

« Nous allons détruisant chaque jour en

LES PEINTRES FUTURISTES

nous et dans nos tableaux les formes réalistes et les détails évidents qui nous ont servi à établir un pont d'intelligence entre nous et le public. Pour que la foule jouisse de notre merveilleux monde spirituel qui lui est inconnu, nous lui en donnons la sensation matérielle.

« Nous répondons ainsi à la curiosité grossière et simpliste qui nous environne, par les côtés brutalement réalistes de notre primitivisme.

« Conclusion : notre peinture futuriste contient trois nouvelles conceptions de la peinture :

« 1° Celle qui résout la question des volumes dans le tableau, s'opposant à la liquéfaction des objets selon la vision des impressionnistes ;

« 2° Celle qui nous porte à traduire les objets suivant les *lignes-forces* qui les distinguent, et par laquelle on obtient une puissance de poésie objective absolument nouvelle;

« 3° Celle (conséquence naturelle des deux autres) qui veut donner l'ambiance émotionnelle du tableau, synthèse des différents rythmes abstraits de chaque objet, d'où jaillit une source de lyrisme pictural, inconnue jusqu'ici. »

Et cette profession de foi était signée :

Umberto Boccioni, Carlo D. Carrà, Luigi Russolo, Giacomo Balla, Gino Severini.

*
* *

Mais le peintre Boccioni avait auparavant longuement développé les idées contenues dans cette sorte de discours-programme, lors d'une conférence sur la Peinture futuriste, tenue au *Circolo Internazionale Artistico de Rome, le 29 mai 1911*.

*
* *

Toutefois, ce n'était pas tout ! Ce n'était pas assez pour les appétits des Peintres futuristes, menés à la bataille par la trompette retentissante du poète Marinetti ; et un véritable *Manifeste*, Le Manifeste ! signé toujours par les cinq Peintres futuristes, avait clamé, avec quelques redites utiles, ces réflexions, puis ces lois nouvelles :

« Le 8 mars 1910, à la rampe du théâtre Chiarella de Turin, nous lancions à un public de trois mille personnes — artistes, hommes de lettres, étudiants et curieux — notre premier Manifeste, bloc violent et ly-

CUBISTES, FUTURISTES ET PASSÉISTES

rique qui contenait toutes nos profondes nausées, nos mépris hautains et nos révoltes contre la vulgarité, contre le médiocrisme académique et pédant, contre le culte fanatique de tout ce qui est antique et vermoulu.

« Ce fut là notre adhésion au mouvement des poètes futuristes commencé il y a un an par F.-T. Marinetti dans les colonnes du *Figaro*.

« La bataille de Turin est restée légendaire. Nous y échangeâmes presque autant de coups de poing que d'idées, pour défendre d'une mort fatale le génie de l'Art italien.

« Et voici que dans une pause momentanée de cette lutte formidable nous nous détachons de la foule, pour exposer avec une précision technique notre programme de rénovation en peinture, dont notre Salon futuriste à Milan a été une manifestation lumineuse.

LES PEINTRES FUTURISTES

« Notre besoin grandissant de vérité ne peut plus se contenter de la Forme et de la Couleur comme elles furent comprises jusqu'ici.

« Le geste que nous voulons reproduire sur la toile ne sera plus un *instant fixé* du dynamisme universel. Ce sera simplement la *sensation dynamique* elle-même.

« En effet, tout bouge, tout court, tout se transforme rapidement. Un profil n'est jamais immobile devant nous, mais il apparaît et disparaît sans cesse. Étant donné la persistance de l'image dans la rétine, les objets en mouvement se multiplient sans cesse, se déforment en se poursuivant, comme des vibrations précipitées, dans l'espace qu'ils parcourent. C'est ainsi qu'un cheval courant n'a pas quatre pattes, mais il en a vingt, et leurs mouvements sont triangulaires.

« Tout est conventionnel en art. Rien

n'est absolu en peinture. Ce qui était une vérité pour les peintres d'hier n'est plus qu'un mensonge aujourd'hui. Nous déclarons par exemple qu'un portrait ne doit pas ressembler à son modèle, et que le peintre porte en soi les paysages qu'il veut fixer sur la toile.

« Pour peindre une figure humaine, il ne faut pas la peindre ; il faut en donner toute l'atmosphère enveloppante.

« L'Espace n'existe plus. En effet, le pavé de la rue, trempé par la pluie sous l'éclat des lampes électriques, se creuse immensément jusqu'au centre de la terre. Des milliers de kilomètres nous séparent du soleil ; cela n'empêche pas que la maison qui est devant nous soit encastrée dans le disque solaire.

« Qui donc peut croire encore à l'opacité des corps, du moment que notre sensibilité aiguisée et multipliée a déjà deviné les obscures manifestations de la médiumnité ? Pourquoi oublier dans nos créations la puissance redoublée de notre vue, qui peut donner des résultats analogues à ceux des rayons X ?

« Il nous suffira de citer quelques exemples choisis parmi d'innombrables, pour prouver la vérité de ce que nous avançons.

« Les seize personnes que vous avez autour de vous dans un autobus en marche sont, tour à tour et à la fois, une, dix, quatre, trois : elles sont immobiles et se déplacent ; elles vont, viennent, bondissent dans la rue, brusquement dévorées par le soleil, puis reviennent s'asseoir devant vous, comme des symboles persistants de la vibration universelle.

« Que de fois sur la joue de la personne avec laquelle nous causions n'avons-nous pas vu le cheval qui passait très loin au bout de la rue.

« Nos corps entrent dans les canapés sur

lesquels nous nous asseyons, et les canapés entrent en nous. L'autobus s'élance dans les maisons qu'il dépasse, et à leur tour les maisons se précipitent sur l'autobus et se fondent avec lui.

« La construction des tableaux a été jusqu'ici stupidement traditionnelle. Les peintres nous ont montré les objets et les personnes placés devant nous. Nous placerons désormais le spectateur au centre du tableau.

« Comme dans tous les domaines de l'esprit humain, une clairvoyante recherche individuelle a balayé les immobiles obscurités du dogme, de même faut-il que le courant vivificateur de la science délivre bientôt la peinture de la tradition académique.

« Nous voulons à tout prix rentrer dans la vie. La science victorieuse de nos jours à renié son passé pour mieux répondre aux besoins matériels de notre temps ; nous voulons que l'art, en reniant son passé, puisse répondre enfin aux besoins intellectuels qui nous agitent.

« Notre conscience rénovée nous empêche de considérer l'homme comme le centre de la vie universelle. La douleur d'un homme est aussi intéressante à nos yeux que la douleur d'une lampe électrique qui souffre avec des sursauts spasmodiques et crie avec les plus déchirantes expressions de la couleur. L'harmonie des lignes et des plis d'un costume contemporain exerce sur notre sensibilité la même puissance émouvante et symbolique que le nu exerçait sur la sensibilité des anciens.

« Pour concevoir et comprendre les beautés neuves d'un tableau futuriste, il faut que l'âme se purifie ; il faut que l'œil se délivre de son voile d'atavisme et de culture, pour

CUBISTES, FUTURISTES ET PASSÉISTES

considérer enfin comme unique contrôle la Nature et non pas le Musée. »

« Dès que ce résultat sera obtenu, on s'apercevra bien vite que des teintes brunes n'ont jamais circulé sous notre épiderme ; on s'apercevra que le jaune resplendit dans notre chair, que le rouge y flamboie et que le vert, le bleu et le violet y dansent avec mille grâces voluptueuses et caressantes.

« Comment peut-on voir encore rose le visage humain, alors que notre vie, dédoublée par le noctambulisme, a multiplié notre perception de coloristes ? Le visage humain est jaune, rouge, vert, bleu, violet. La pâleur d'une femme qui contemple la devanture d'un bijoutier a une irisation plus intense que les feux prismatiques des bijoux dont elle est l'alouette fascinée.

« Nos sensations en peinture ne peuvent plus être chuchotées. Nous voulons désor-

LES PEINTRES FUTURISTES

mais qu'elles chantent et retentissent sur nos toiles comme des fanfares assourdissantes et triomphales.

« Vos yeux habitués à la pénombre s'ouvriront bientôt à de plus radieuses visions de clarté. Les ombres que nous peindrons seront plus lumineuses que les pleines lumières de nos prédécesseurs, et nos tableaux, auprès de ceux des musées, resplendiront comme un jour aveuglant opposé à une nuit ténébreuse.

« Nous en concluons qu'il ne peut aujourd'hui exister de peinture sans *Divisionisme*. Il ne s'agit pas d'un procédé que l'on peut apprendre et appliquer à volonté. Le *Divisionisme*, pour le peintre moderne, doit être un complémentarisme inné, que nous déclarons essentiel et nécessaire.

« On accusera probablement notre art de cérébralisme tourmenté et décadent. Mais nous répondrons simplement que nous sommes au contraire les primitifs d'une nouvelle sensibilité centuplée, et que notre art est ivre de spontanéité et de puissance. »

*
* *

Cela dit, les Futuristes, sans ambages, déclaraient :

« 1° Qu'il faut mépriser toutes les formes d'imitation et glorifier toutes les formes d'originalité ;

« 2° Qu'il faut se révolter contre la tyrannie des mots « harmonie » et « bon goût », expressions trop élastiques avec lesquelles on peut facilement démolir les œuvres de Rembrandt, de Goya et de Rodin ;

« 3° Que les critiques d'art sont inutiles ou nuisibles ;

« 4° Qu'il faut balayer tous les sujets déjà

usés, pour exprimer notre tourbillonnante vie d'acier, d'orgueil, de fièvre et de vitesse ;

« 5° Qu'il faut considérer comme un titre d'honneur l'appellation de « fous » avec laquelle on s'efforce de bâillonner les novateurs ;

« 6° Que le complémentarisme inné est une nécessité absolue en peinture, comme le vers libre en poésie et la polyphonie en musique ;

« 7° Que le dynamisme universel doit être donné en peinture comme sensation dynamique ;

« 8° Que dans la façon de rendre la nature il faut avant tout de la sincérité et de la virginité ;

« 9° Que le mouvement et la lumière détruisent la matérialité des corps.

CUBISTES, FUTURISTES ET PASSÉISTES

*
* *

Pour cela, concluaient les Futuristes, nous luttons :

« 1º Contre les teintes bitumeuses par lesquelles on s'efforce d'obtenir la patine du temps sur des tableaux modernes ;

« 2º Contre l'archaïsme superficiel et élémentaire fondé sur les teintes plates, et qui, en imitant la facture linéaire des Égyptiens, réduit la peinture à une impuissante synthèse puérile et grotesque ;

« 3º Contre le faux avenirisme des sécessionistes et des indépendants qui ont instauré de nouvelles académies aussi poncives et routinières que les précédentes ;

« 4º Contre le Nu en peinture, aussi nauséeux et assommant que l'adultère en littérature.

« Expliquons ce dernier point. Il n'y a rien

LES PEINTRES FUTURISTES

d'*immoral* à nos yeux; c'est la monotonie du *Nu* que nous combattons. On nous déclare que le sujet n'est rien et que tout est dans la façon de le traiter. D'accord. Nous l'admettons aussi. Mais cette vérité inattaquable et absolue il y a cinquante ans, ne l'est plus aujourd'hui, quant au nu, du moment que les peintres, obsédés par le besoin d'exhiber le corps de leurs maîtresses, ont transformé les Salons en autant de foires aux jambons pourris !

« *Nous exigeons, pour dix ans, la suppression totale du Nu en peinture.* »

*
* *

Ces précisions dispensent, n'est-ce pas, de tout commentaire ?

D'ailleurs, si l'on veut bien s'adresser au poète F.-T. Marinetti, 61, Corso Venezia,

CUBISTES, FUTURISTES ET PASSÉISTES

à Milan, on recevra les quinze manifestes à ce jour du *Mouvement futuriste*. Le Manifeste des peintres futuristes, seul, nous intéressait ; mais il y a de curieuses révélations dans quelques-uns des autres manifestes : *le manifeste des musiciens futuristes*, présenté par Pratella ; *le manifeste technique de la littérature futuriste*, signé par Marinetti ; *l'art des bruits*, par Russolo, et *la peinture des sons, des bruits et des odeurs*, par Carrà.

Au cours de l'été 1913, le peintre et sculpteur futuriste Boccioni organisait enfin une exposition dans la galerie La Boëtie. Nous donnerons in-extenso son *Manifeste technique de la sculpture futuriste*, au chapitre réservé, dans ce livre, à la jeune Sculpture.

PIERRE GIRIEUD

Il y a bien longtemps que j'ai vu pour la première fois des fleurs et des fruits peints par M. Girieud.

C'étaient des peintures presque agressives, barbares à coup sûr, exaspérées et solides. Elles révélaient un peintre têtu et farouche, qui voulait, à force de couleurs écrasées sur la toile, donner la toute-puissante idée de la vigueur et de la personnalité.

C'était surtout un choix de fleurs très colorées, épanouies largement, et massives. Des hortensias, des chrysanthèmes, des pivoines et des dalhias. Des fleurs à coup sûr amenées à cette condition pour quelque exposition aux Tuileries. Plus tard, des iris, des tulipes et des tournesols vinrent grossir le bataillon des premières fleurs; et je me souviens d'avoir vu alors l'atelier de Pierre Girieud, comme un angoissant amas de pétales pesants et démesurés.

Puis ces toiles disparurent, et des paysages les remplacèrent. Girieud s'était enfin décidé à retourner dans sa Provence; et il en avait rapporté des coins de mer, des vues de bateaux, des couchers de soleil et des aspects de môles.

Et c'était toujours heureusement aussi hors de toute mesure. Alors un temps se passa encore; puis, à leur tour, des figures surgirent : des nus de femmes au bord de la mer, ou devant des horizons très composés.

Et voilà maintenant qu'il semble que son

parti soit pris : il ne veut plus peindre que des fresques.

Sans doute, nous reverrons Pierre Girieud au Salon d'automne, avec d'autres natures mortes, avec d'autres fleurs, et certainement aussi avec des paysages et des nus ; mais la fresque l'a pris pour le moment tout entier ; et, après deux années passées à Marseille, et également au plein soleil de la Provence enchantée, il ne rêve plus que de décorer des murs de monuments ou d'églises, dans la manière dont un exemple est ici donné.

Et, bien entendu, il ne voit la chose possible que dans le Midi. Notre climat pourri, notre climat de l'Ile-de-France ne saurait, en effet, accueillir ces peintures qui ne peuvent vivre et chanter que dans la chaleur et le soleil.

Que MM. Pierre Girieud et Alfred Lom-

CUBISTES, FUTURISTES ET PASSÉISTES

bard, un autre bon peintre du Salon d'automne, arrivent surtout à fonder à Marseille l'École fresquiste; et l'on ne tardera point à voir les églises et les monuments de la Provence parés enfin des seules peintures qui leur conviennent. Le temps des bondieuseries de la place Saint-Sulpice et de la rue Bonaparte, à Paris, sera enfin consommé! Quel débarras et quelle honte en moins! Du haut du ciel, mon auguste ami J.-K. Hūysmans sera peut-être alors content!

CHARLES GUÉRIN

J'ai connu d'abord M. Guérin sous la signification d'un esprit perverti, d'un artiste capable de décorations pour le plein soleil des fêtes populaires.

Puis, vers 1901, je l'ai considéré comme un passionné des tons éteints. Ses natures mortes apparaissaient alors comme des choses oubliées dans une vieille chambre où l'on n'entre plus. Elles avaient une saveur certaine de mélancolie et de repos.

Puis, dès 1902, je le vis à la Nationale, doué d'une parfaite entente de la décoration, et avec une manière bien à lui de *situer* les personnages légendaires.

Et au Salon des Indépendants et au Salon d'automne, je l'ai ensuite retrouvé.

A l'heure présente, j'entends souvent les amis de M. Guérin lui reprocher de s'en tenir obstinément presque toujours au même modèle pour ses portaits, et de répéter par trop fréquemment la même nature morte.

Mais cette chose-là, même si le reproche est juste ! — est-elle tellement répréhensible ? Elle tendrait au contraire à prouver tout simplement que M. Guérin est un sage; car, assurément, l'on ne peint bien que ce que l'on connaît bien, et M. Guérin connaît bien *son* modèle assidu; car si j'ai vu, de mon côté, également, un peu trop le même modèle, je suis bien contraint de dire que M. Guérin, avec une nonchalance et une paresse d'imagination peut-être volontaire, tire après tout de son même modèle des effets curieux.

Mais, disons-le, le reproche en question n'est pas aussi équitable qu'on veut bien l'affirmer. Car, au contraire, lors d'une exposition particulière faite en mars 1913, M. Guérin nous a montré une quarantaine de tableaux, pour lesquels la diversité ne le cédait pas à l'intérêt.

Sans doute, le style en était le même; tous les tableaux étaient bien de M. Guérin. Parbleu! M. Guérin en était le père; le père qui, dans un noble esprit de justice, ne veut pas sacrifier un enfant, un tableau, à un autre! Le condamnerez-vous. maintenant, alors, bonnes âmes des camarades?

HENRI-MATISSE

M. Henri-Matisse fut longtemps considéré comme le *Chef des Fauves;* et cela lui valut incontestablement sa fastueuse notoriété.

Jusqu'à ce moment précis, — je veux dire le moment où « il devait mal tourner » — aucun artiste n'avait été plus sage, plus *raisonnable*, au sens bourgeois. On avait vu M. Henri-Matisse — oui, le même! — dessiner au musée du Louvre; et quels dessins il exécutait alors! des prouesses graphiques.

Personnellement, je me souviens d'avoir vu de lui, en 1901, au Salon des Indépendants, toute une suite de croquis consacrés à des nus de femmes et qui étaient véritablement très modérés, mais enviables tout de même. C'étaient de prestes envolées de la pointe du crayon qui fixaient des ridicules, des laideurs et des tares, d'une manière irrésistible. Je revois encore une étonnante femme au nez recourbé; et une autre maritorne qui se cambrait héroïquement, en arborant sa toison de copeaux !

Puis des paysages, des figures, des intérieurs apparurent, révélant une sensibilité exquise, des dons merveilleux de peintre. D'ailleurs, une préface de Roger-Marx, pour une exposition chez Vollard, commentait, vers 1904, de la manière suivante le talent de M. Henri-Matisse, ancien élève de Gustave Moreau :

« A mesure que passent les Salons de printemps ou d'automne et que les manifestations séparatistes se succèdent, individuelles ou collectives, l'expérience confirme le démenti infligé au préjugé : il apparaît clair et net que, loin d'offrir un refuge au plagiat, l'atelier de Gustave Moreau demeura six années durant, en pleine École des Beaux-Arts, l'asile librement ouvert à l'originalité militante. Pour réduire à néant l'accusation mensongère, il a fallu la fuite des ans et l'affirmation réitérée de preuves irrécusables : ainsi la diversité des talents, l'indépendance et le contraste des visées ; ainsi la prédilection pour les genres où les sujets s'inspirent directement de la nature et de la vie. Tant que dura le professorat de Gustave Moreau, les tendances de ses élèves rejoignirent celles des novateurs réputés les plus dangereux. L'initiateur disparu, l'épanouissement de la personnalité se poursuivit chez certains disciples selon la libre loi de l'instinct ; d'autres, en quête d'un complément d'éducation, s'en vinrent chercher des conseils et des exemples auprès de Manet et de Paul Cézanne surtout. S'en faut-il étonner alors que Gustave Moreau et Paul Cézanne montrent à se réclamer du Poussin la même ferveur et qu'ils s'accordent à préconiser le principe du ton somptueux et de la belle matière ?

« L'art de Henri-Matisse, qui découvre la synthèse harmonieuse où devaient aboutir les enseignements combinés des deux maîtres, possède de quoi conquérir les curieux d'histoire et les amateurs lucides. Par surcroît, la discipline suivie par l'artiste est telle que chacun y peut puiser des raisons de réconfort et d'estime. Vers la vingt-septième année, — en 1896 — Henri-Matisse se révèle au Salon du Champ-de-Mars, avec un éclat insolite ; on l'élève, sans coup férir, au rang d'associé ; ses tableaux forcent d'emblée

CUBISTES, FUTURISTES ET PASSÉISTES

l'accès des galeries particulières ou publiques. Vienne le peintre à suivre prudemment les voies qui ont assuré le succès de ses débuts, il n'a plus rien à redouter de l'avenir. Or, cette fois, il arriva que les promesses de vie facile ne parurent pas constituer un enviable destin. Au succès de la vogue Henri-Matisse préféra les épreuves de la lutte et l'âpre honneur de se satisfaire. Plus on y songe, plus il s'impose qu'en l'occurrence, le progrès continu du talent se trouva garanti par l'afflux d'aspirations sans cesse renouvelées et par le stimulant des plus fières exigences envers soi-même.

« L'attention aux aguets, Henri-Matisse s'est distrait à fixer tout ce qui fut la joie de son regard profond et clair. Il a dit le bienfait du rayon exaltant parmi la pénombre l'éclat des chrysanthèmes et des tulipes, ou bien allumant de gais reflets à la surface chatoyante des céramiques et des orfèvreries. Son sens de l'intimité, comparable à celui d'un Francis Jammes ou d'un Édouard Vuillard, s'est attesté, sous les plus heureuses espèces, dans ces représentations du logis familier, parfois désert, toujours quiet, même quand la dévideuse s'y active. Au dehors, on verra Henri-Matisse s'éprendre de la solennité des montagnes dentelant leurs cimes neigeuses sur la nue; ou plus simplement, il peindra la côte de Belle-Isle battue par les flots, les quais de la Seine ensevelis sous la neige, la Corse avec ses amandiers en fleurs et ses oliviers au feuillage vert-de-grisé, bordant la mer bleue. Demain, d'autres fêtes de la couleur et de la lumière trouveront à le solliciter, et toujours il se dépensera à les fixer, dans un aussi intégral effort, avec la même volonté d'égaler les moyens d'expression à la sensibilité de la vision, et d'expri-

CUBISTES, FUTURISTES ET PASSÉISTES

mer les accords du monde extérieur avec sa nature, à la fois passionnée et tendre. »

Oui, dès 1896, comme cette préface vient de l'indiquer, M. Henri-Matisse, tout de suite triomphant, « n'avait plus rien à redouter de l'avenir »; mais il ne pouvait suivre longtemps cette première voie. Avec les dons les plus instinctifs et les plus incontestables, je le répète, M. Henri-Matisse était déjà bien trop raisonneur et bien trop ergoteur pour s'en tenir aux formules qui avaient constitué son succès. S'inquiéter toujours; chercher encore; faire autre chose; expliquer la peinture comme on explique une science; la transformer en équations algébriques; philosopher à perte de vue: s'influencer soi-même tout en influençant les autres; jouer avec son originalité, la tourner et la retourner sens dessus dessous; dérouter les amateurs, les marchands, ahurir les critiques d'art; à propos de peinture citer Kant, Spinosa, Nietzsche, Maudsley, Chevreul et les Mages; pêcher des raisons de peindre dans l'occultisme, dans la magie; jongler avec tout un vocabulaire de mots; mêler les plans, les volumes, la profondeur, l'émotion dynamique et la situation politique de l'Europe; se demander chaque matin pourquoi la terre tourne et pourquoi le soleil luit; compliquer la peinture de façon qu'elle devienne incompréhensible, déconcertante, loufoque; prendre des recettes aux nègres, aux Canaques, aux Fuégiens; dès qu'on a trouvé quelque chose, n'y plus tenir; se jeter dans de nouveaux théorèmes, dans d'autres postulats; être fustigé par le démon de la perversité; — et regarder, avec un demi-sourire, les gens! ouf! voilà, à coup sûr, tout cela, la moindre des préoccupations de M. Henri-Matisse.

CUBISTES, FUTURISTES ET PASSÉISTES

Aussi, amateurs, marchands, critiques, vous n'avez pas fini « d'en voir de toutes sortes », avec lui ! Il inventera demain une foule de raisonnements, tant de nouvelles façons de peindre, que cubisme et synthétisme seront jeux puérils et bons tout au plus pour les « petits ménages ». Et, quand vous lui poserez encore des questions, soyez assurés qu'il vous répondra sans hésiter, comme du haut d'une chaire, et avec une telle éloquence que vous en resterez ébaubis !

M. Henri-Matisse ne peint pas seulement, et de la façon toujours la plus intéressante, la plus curieuse — il prêche ! Aussi, a-t-il des succès considérables — ces deux mots sont rigoureusement exacts ! — en Suède, en Allemagne et en Russie, c'est-à-dire dans les trois pays du monde où il n'existe pas, actuellement, un seul peintre.

M. Henri-Matisse est allé aussi, **comme**

tant d'autres, au Maroc. Il en a rapporté des tableaux merveilleux et des dessins d'une rare saveur.

Je vous le répète, dès que M. Matisse touche à quelque chose, il en fait une très belle œuvre d'art.

Il s'est retiré à Issy-les-Moulineaux, dans une villa somptueuse, afin de mieux penser ! Il est presque là-bas, dans ce centre aéronautique, comme une sorte d'aviateur de la peinture. L'inconnu l'enivre toujours ; les prouesses le sollicitent !

HERMANN-PAUL

M. Hermann-Paul a peint fréquemment d'une manière aiguë des portraits comme celui du peintre Cézanne.

Ses belles qualités de clairvoyance et de sincérité, combien de fois on les a retrouvées dans ses portraits de femmes, par exemple, si tendres souvent, si délicats et surtout si féminins. Soit au Salon des Indépendants, soit au Salon d'automne, il nous a toujours requis par sa personnalité acérée mais discrète, par sa distinction et son haut style. Je vise toujours, bien entendu, ses portraits, ses tableaux ou esquisses; car, dans ses dessins, M. Hermann-Paul ne s'est pas si sévèrement contenu.

On ne compte plus, en effet, les dessins bourrés d'humour et même de folie qu'il a donnés partout; des anecdotes qu'il a souvent élevées au rang de choses historiques; et, quant au satirique, toutes les époques troublées le retrouvent grisé de verve et d'impertinence.

Il a aussi dessiné quotidiennement; — et son imagination peut le tenir sans un jour manquant sur la barricade pendant des années ! Il a ainsi dessiné des légendes violentes, ironiques, qui pouvaient seules illustrer les aigres et féroces pages de Mirbeau.

Aujourd'hui, *le Courrier Européen*, à son tour, s'honore de publier ces traits cursifs, ces graphiques appuyés avec une sécheresse voulue, ces amers dessins offerts en effroi aux Bourgeois et aux Satisfaits.

Puis, soudainement, un album paraît. Comme un délassement, comme un amusement de dessinateur; et c'est un voyage sur le Rhône, par exemple, le dernier en date, qui en fait les frais.

Et ce sont alors des paysages qui bordent des eaux immenses; des confins de terre allongés sous le ciel; comme des schémas de contrées mangées par le fleuve et par l'espace.

D'autres fois, M. Hermann-Paul s'attarde dans les Trianons; et là, il dessine avec l'esprit le plus fin les architectures jolies, les pavillons enchantés de ces jardins féeriques.

Mais, j'y reviens, ses portraits de femmes constituent assurément le meilleur appoint à sa renommée. Il exprime la grâce hautaine, le port orgueilleux de ces jeunes

HERMANN-PAUL

femmes et jeunes filles, vivifiées et animalisées par le sport. Il est peut-être le seul à comprendre — et à réaliser tout ce qu'il y a de franc et de décisif dans ces jeunes têtes audacieuses — et si puériles !

F. ITURRINO

Le pauvre petit Evenepoel, parti si prématurément, fit un jour un tableau, intitulé : *L'Espagnol à Paris*. C'est le portrait — aujourd'hui au Musée de Gand — de Francisco Iturrino, qui, par son allure physique, son ascétisme, rappelle tout à fait un moine de Zurbaran.

En 1901, M. F. Iturrino expose pour la première fois à Paris. Il est alors barbare, presque hostile, exprimant sur de rêches toiles d'hargneux aspects humains et d'incultes sites.

F. ITURRINO

Avec une mélancolie forte, il a représenté les légendaires gitanes et les mendiants d'Espagne. Il a exécuté de nerveuses anatomies de femmes dansant et dit l'incroyable et hautaine « pouillerie » des loques rapiécées et des *sombreros* tannés, déformés, maltraités par les soleils et par les pluies. Il a aussi, en traversant les villages en fête, considéré les *charras* parées, et les voici, avec leur exorable regard de bêtes attendries, parlant entre elles ou accostées par le cavalier qui doit, comme dans tout conte louable, surgir devant les belles filles en promenade. Mais, surtout, il a été requis par les gens du peuple ; et ses groupes de buveurs, de femmes accroupies au soleil et entourées de chapelets d'enfants, sont de hautes et probes œuvres. Voilà bien, en effet, le stérile sol castillan, le ciel révolté et les attitudes de passivité de ces paysans sans hoirie ; et c'est là, si l'on veut bien s'en rendre compte, — déjà l'apport d'une décisive originalité, d'un naïf et pénétrant tempérament.

Puis Iturrino quitte Paris, disparaît ; et, isolé en Espagne, presque vilipendé, il ajoute les portraits aux figures, et les décorations aux paysages.

De temps en temps, on voit une toile de lui chez Vollard ; puis il reparaît au Salon d'automne.

Ses amis savent qu'il produit avec une hâte furieuse. Il peint pour la joie de peindre, sans souci, ainsi que sans ambition. Un fastueux parc, à Malaga, l'accueille ; il y brosse des paysages ardents, inondés de couleur et de son bonheur.

Puis, de nouveau, on n'entend plus parler de lui et, comme au Salon d'automne de 1911, ses amis, MM. Baignères, Desval-

F. ITURRIÑO

lières et Élie Faure, organisent une vaste exposition de ses œuvres, beaucoup de gens du petit monde des peintres le croient mort.

Et voilà qu'il reparaît avec de véritables lots de toiles ! Nus de femmes, paysages ; il en a des rouleaux énormes, les châssis étant trop encombrants.

C'est une moisson magnifique. Il y a tous les nus, tous les mouvements. Il y a des groupes qui forment bloc comme de la sculpture ; et aussi des nus « séparés », d'une couleur attirante, d'un caractère fermement significatif. Ses paysages ont, de leur côté, une beauté singulière. Ils ont un rare aspect décoratif et une simplicité de facture émouvante.

Toutefois la sauvagerie des premières toiles et des premières eaux-fortes s'y est atténuée. On devine à présent plus de repos dans la vie d'abord mauvaise de ce peintre.

CUBISTES, FUTURISTES ET PASSÉISTES

Son aspect physique n'a certes pas changé; il a toujours son allure si caractéristique; mais il s'exprime plus doucement à l'égard des choses; il a du bonheur, des joies au moins persistantes : et, prodigue, toutes ces joies-là, il les répand en quelque sorte maintenant sur ses toiles; il fleurit de tendresse ses œuvres, il les pare d'agréables détails.

JEAN-JOVENEAU

Joveneau a commencé, je crois, par peindre l'île Saint-Louis, du haut de son atelier sis, en ce temps-là, à un angle du boulevard Henri-IV. Il a fait alors des tableaux sommaires, d'une précise mise en scène des plans.

Il a compris la beauté des pans de maison, des arches de pont et du pesant volume des chalands.

Puis, il a placé des fleurs dans l'encadrement de sa fenêtre; et il a, naturellement, retrouvé les décors de l'île dans ses fonds. Il a obtenu ainsi des toiles d'un plaisant aspect décoratif.

Cela l'amena à peindre de grandes natures mortes, non point en copiant M. Henri-Matisse, mais en s'inspirant des somptueuses compositions que ce beau peintre réalisa chaque fois qu'il le voulut, vraiment. Toutefois, trop de désordre signalait ces natures mortes de Jean-Joveneau. Trop de désordre qui venait surtout de son désir de peindre trop de choses à la fois.

Depuis, Joveneau a contenu, il est vrai, cette abondance juvénile; et c'est de ce moment que datent ses natures mortes plus intimes, ses intérieurs, dirais-je mieux, où l'on voit le détail attrayant et sobre d'une table de toilette, par exemple, qui se fleurit de marguerites jaunes et de glaïeuls.

Enfin Joveneau a fait des portraits d'un

JEAN-JOVENEAU

joli sentiment, avec un souci de la ligne et de la couleur. Il ne recherche pas l'étrangeté, mais tout ce qui peut contribuer à la plus entière expression du caractère et du charme.

LUCIEN LAFORGE

On peut tout espérer de la touffue fantaisie de ce peintre. De toute la jeune Peinture, il est, peut-être, le plus agité et le plus inquiet.

Comme il est très cultivé, il peut se poser à lui-même un tas de questions; et, souvent, les réponses prennent à travers son tempérament une tournure gaîment paradoxale.

Il est très jeune, cependant il est déjà presque illustre. Je vous le répète, c'est à cause de sa fantaisie.

LUCIEN LAFORGE

Elle lui a permis de tout faire : des illustrations de tarots, des dessins ivres d'humour, des tapis, des meubles, le *Portrait* si simplifié de *Mme Mauricia de Thiers*.

Je me souviens d'une illustration de trois contes des *Mille et une Nuits* qui est, à bien dire, ce que l'on peut rêver de plus divertissant. Un excellent dessinateur, d'une excessive hardiesse, peut seul se permettre de telles bizarreries. Ce n'est plus, par exemple, de l'illustration pour enfants; cela s'adresse à de très grandes personnes; et encore faut-il qu'elles *s'y connaissent*.

Mais Lucien Laforge n'est pas loin de condamner tout cela, si ce n'est déjà fait. Pour le moment, il songe à beaucoup d'autres choses ; et voici, accompagnant l'esquisse à l'encre de Chine qui est reproduite ici, un exposé très exact de ses nouvelles et actuelles idées :

CUBISTES, FUTURISTES ET PASSÉISTES

« Il n'y a aucune différence entre les arts.

« L'art est une matière.

« Tout est matière perçue par les sens. Je veux une peinture qui se respire comme la musique ou l'éther.

« La ligne est un domaine infini et individuel qui n'a aucun contrôle, sauf la compréhension sensuelle.

« La reproduction topographique d'une chose (même interprétée) est absurde. Il faut traduire la substance de la chose.

« *Une ligne peut exprimer un objet sans avoir aucune ressemblance graphique avec lui.*

« La couleur est aussi un domaine infini, mais secondaire, et subsidiaire de la ligne. C'est une jouissance comme de manger. D'ailleurs la peinture est une cuisine. Elle doit se faire de la même façon. Pour être admirable, il lui faut le *tour de main* et la fantaisie.

« La peinture doit avoir l'unité de matière (ni relief, ni empâtement, ni corps étranger : journal, bois, métal, — ni trompe-l'œil).

« *Elle doit être plate.*

« *Mais elle ne doit pas être unie*, pour amuser, satisfaire l'œil.

« La situation est inutile (ombre, valeurs, inscriptions).

« Les formes doivent se mouvoir dans l'espace, comme la pensée. Elles n'ont besoin d'aucun contact. Elles n'ont ni envers, ni endroit, comme l'infini.

« Les formes s'appellent entre elles, se complètent, s'étayent et s'emboîtent pour constituer l'harmonie.

« L'atmosphère est comme l'eau.

« Pour exprimer la substance d'un corps, on peut en déplacer, en isoler, en suppri-

CUBISTES, FUTURISTES ET PASSÉISTES

mer, en souder, en juxtaposer *une* ou *plusieurs* parties.

« C'est le règne de l'anarchie et de l'audace.

« La peinture est complètement *libre, elle n'a aucun contrôle.*

« Elle n'a de compte à rendre qu'à sa fantaisie.

« *La fantaisie est la seule raison d'être de la peinture.*

« Je ne donne plus de nom aux tableaux, plus d'anecdotes, plus de sujets.

« Il n'y a pas de beauté, mais il y a la joie sensuelle des formes.

« Il n'y a pas de goût, mais il y a le tact et l'équilibre.

« La vérité est un point d'arrêt toujours reculé.

« Il n'y a pas de sujet. Tout a un égal potentiel d'intérêt.

LUCIEN LAFORGE

« Le champ de la fantaisie est éternel et sans borne. Le moindre point lui sert de prétexte.

« Il n'y a aucune différence entre les choses, un être et un objet.

« Il n'y a ni êtres ni objets; il n'y a que des formes; il n'y a que des sensations ! »

L'esquisse ci-contre eût été évidemment mieux traduite par la couleur; mais, telle quelle, elle offre un champ assez complexe pour la méditation suggérée par les axiomes — peut-on dire ! — que je viens de transcrire, avec la plus scrupuleuse fidélité.

PIERRE LAPRADE

M. Laprade mérite mieux que ce qualificatif de *Tapissier* que ses amis accolent si volontiers à son nom. Il y a là une part d'injustice et peut-être d'envie.

J'estime, au contraire, que le talent de M. Laprade ne le destine pas du tout à ce rôle de tapissier perpétuel. Il a cédé des cartons à une Manufacture, qui, à mon avis, d'ailleurs, n'a pas toujours très bien choisi; mais, enfin, ce n'est pas une suffisante raison pour oublier les peintures, les *vraies* peintures décoratives de M. Laprade.

PIERRE LAPRADE

Celles-ci sont très nombreuses. Car ce peintre estime avec raison qu'on peut trouver des motifs décoratifs dans tous les pays du monde; et, comme il voyage beaucoup, la conclusion à en tirer n'est point ardue.

M. Laprade brosse aussi des paysages et des figures simplement pour le plaisir de peindre, — et sans souci alors de l'arabesque décorative. Les amateurs aiment moins ces diverses choses-là. Les amateurs sont, on le sait, des gens fort intelligents et qui *s'y connaissent*; c'est pourquoi on les appelle aussi, quelquefois, des connaisseurs. Il faut donc respecter leurs avis; tout de même, M. Laprade a raison aussi de représenter quelquefois de gracieux portraits de femmes, sous des arbres simplement de la nature, ou devant des fenêtres ouvertes sur un jardin *naturellement* en désordre.

Les portraits d'enfants sont également

CUBISTES, FUTURISTES ET PASSÉISTES

charmants, quand M. Laprade veut bien leur accorder quelques instants. Ils sourient dans des roses et dans des bleus savoureux. La peinture en est un peu coulante; mais c'est un des attraits de cette peinture.

MARIE LAURENCIN

Une amusante tête ébouriffée, aux yeux tour à tour vifs et paresseux de chatte; une âme très franche, très candide, très brutale aussi; elle serait une nihiliste — et elle l'est! — si on ne la voyait pas dans un intérieur trop « Salon d'automne », amusant d'ailleurs par tout ce qu'elle a su y ajouter. Ne lit jamais les journaux, à cause des « saletés » qu'elle y trouverait. S'il survient toutefois une guerre, elle en lit quatre. Adore les chansons à deux sous, dont elle tire des eaux-fortes étranges; se passionne pour les élégantes chaussures,

CUBISTES, FUTURISTES ET PASSÉISTES

qu'elle appelle *godasses!* Elle a un harmonium, sur lequel elle joue des poèmes de Montéhus !

Ce n'est pas tout ! Elle se flatte d'un goût très prononcé pour les choses ridicules ; elle collectionne les photographies d'un tas de gens qu'elle ne connaît pas. « Le ridicule est très près du cœur » ! répète-t-elle. Elle aime un couturier trop fameux — vous devinez lequel ! — parce qu'il a un mauvais goût délicieux ! Quand elle s'ennuie, elle fait la tournée des chapeaux à 4 fr. 80, afin d'y trouver des bleus, des rouges, des verts et des jaunes, étonnants, extraordinaires, aigres, hurlants, affreux, discordants, charmants, adorables, que les « grandes » modistes n'osent pas placer sur leurs chapeaux ! Pour tout dire, Mlle Marie Laurencin, c'est une manière de petite Louise Michel, frottée à l'épiderme de l'Arétin et nourrie de livres pourrissants.

MARIE LAURENCIN

Peintre, elle a passé par l'atelier Humbert, a contristé ce podagre pion, et n'a pas su plaire à Carrière, son autre maître si transitoire. Elle expose aux Indépendants, au Salon d'automne ; et, à côté de Robert Delaunay, elle sélectionna des œuvres curieuses, inattendues, perverses et distinguées, dans la galerie Barbazanges, au cours de l'année 1912.

Ce fut une floraison de peintures, d'eaux-fortes, de dessins et d'aquarelles.

Dans la mémoire restent *les Jeunes Filles* ; *la Noble Compagnie* ; *Mademoiselle Minute* ; *les Regrets* ; *le Pont de Passy* ; *les Robinsonnes* ; *Diane à la chasse* ; — et l'esquisse du *portrait de Clorinde*, à côté de *la Cantinière*.

Le *Bal élégant*, que nous offrons, figura au Salon des Indépendants, en l'année 1913.

HENRI MANGUIN

M. Henri Manguin a habité dans le quartier des Batignolles ; puis ayant certainement « fait ses affaires », il est allé prendre confortable villa à Neuilly-sur-Seine.

Nous ne saurions lui en vouloir. Cela prouve simplement que la peinture, de notre temps, est un métier très recommandable; et que, seuls, les génies doivent se bien garder de vouloir en vivre, au moins jusqu'à la cinquantième année, à peu de chose près.

La villa de M. Manguin est donc très hospitalière à ce bon peintre, qui, en échange,

HENRI MANGUIN

ne ménage point sur ses toiles les tons éclatants et joyeux. Et c'est quelque chose d'assurément très agréable ! Car ce n'est pas tous les jours que la peinture respire la joie de vivre. Même quand Van Gogh et Cézanne avaient fait chacun un chef-d'œuvre, il restait toujours en ces œuvres-là trop de douleur, trop d'angoisse et trop de mystère, pour qu'on se laissât aller à s'en réjouir tout à fait.

La peinture de M. Manguin porte heureusement en elle des inquiétudes moins lourdes. Elle chante, elle, tant qu'elle peut, et de toute son ivresse. Voyez ses natures mortes, en effet, si vives — si brutales même, si une harmonie n'en adoucissait point, par les contrastes, les violences. Voilà de la peinture enfin gaie; oh! non pas, dans le vilain sens du mot, dans le bon sens, au contraire, de la peinture qui est plaisante à regarder, qui ne sacrifie rien, qui crie, qui tapage, qui exulte !

Les figures peintes par M. Manguin sont aussi fort attirantes. Elles expriment la plénitude de l'insouciance, du bonheur. Dans une exposition collective, c'est vers elles que va tout d'abord le visiteur désabusé, qui cherche encore pourtant à se raccrocher après un agrément qu'il aurait méconnu, après une félicité qu'il n'aurait point du tout — chose si improbable ! — pressentie !

ALBERT MARQUET

M. Marquet avec une volonté têtue, et sans se soucier d'une évolution, peint quelques figures et beaucoup de paysages.

Quand du haut de son atelier du quai Saint-Michel, il pense qu'il a suffisamment représenté Notre-Dame, le pont Saint-Michel et des bateaux, il va se gîter ailleurs ; et il peint le Carrousel, la place de la Trinité, etc.

Puis il se met plus loin en route ; il va alors à Villennes, à Conflans, à Rouen, à Honfleur, puis dans le Midi, d'où il gagne

CUBISTES, FUTURISTES ET PASSÉISTES

Tanger, les peintres Delacroix — puis beaucoup plus tard — Kees van Dongen et Henri-Matisse ayant mis ce voyage à la mode.

On reconnaît de très loin les paysages de M. Marquet. Ils sont tous faits de la même manière, ce peintre ayant une foi inébranlable dans son procédé. Il a déjà des imitateurs, ce qui est une petite parcelle de la gloire.

M. Marquet est un heureux peintre. Son imagination ne le trouble pas, en effet; elle lui laisse même un repos complet. M. Marquet estime qu'il n'y a qu'à se planter devant un paysage archi-connu et à en dégager les valeurs essentielles. Et, certes, il a en cela profondément raison. M. Marquet est un exemple pour les autres peintres. Oui, il se connaît fort bien, et il reste dans sa mesure.

M. Marquet est donc une sorte de spécialiste ? Assurément, et l'eau, les ponts, les

ALBERT MARQUET

quais sont pour lui des domaines familiers. Les amateurs aiment, d'ailleurs, on le sait, à n'être point bousculés, à « se retrouver » dans les œuvres qu'ils achètent. M. Marquet leur donne toujours de l'eau, des ponts; lui et eux, ils sont faits pour s'entendre; et il faut bien espérer que cette heureuse manière de collaboration persistera tant qu'il y aura de l'eau, des ponts ; M. Marquet pour les peindre, et des connaisseurs pour faire fête à ses toiles !

Mme MARVAL

Mme Marval a un tempérament exubérant. Tous les sujets, elle les a au moins effleurés.

Natures mortes, paysages, figures, compositions presque historiques, évocations et ressouvenirs, vraiment Mme Marval a touché à tout. Au moins, cette fois, l'Imagination, cette merveilleuse faculté, a ici droit de logis.

Et, ma foi, l'on ne sait ainsi ce qui est vraiment préférable dans l'œuvre déjà abondante de Mme Marval. Les uns estiment particulièrement ses fleurs, débordantes, massives, toujours comme jaillies hors des vases qui les contiennent ; d'autres goûtent mieux ses figures, où tant de perversité se mêle à tant d'ingénuité.

A vrai dire, comme Mme Marval joint toujours à des tableaux de figures des tableaux de fleurs, on est, par les uns et par les autres, également charmé. Quel besoin, d'ailleurs, de choisir, absolument ?

Ainsi, je vis, pour mon propre compte, un jour, un tableau de Mme Marval, intitulé : *les Odalisques*. Eh bien ! longtemps je l'ai gardé dans ma mémoire, jusqu'au jour où j'aperçus *les Trois Roses*, le tableau que j'ai tenu à montrer ici. *Les Odalisques* sont peut-être un tableau plus complet, plus *historique*, plus imprégné de nonchaloir et de paresse ; mais j'avoue que *les Trois Roses* ont un éclat plus moderne, une vérité plus près de nous, une espèce de brutalité délicieusement troublante, pour tout dire, qui a certainement enchanté bien d'autres hommes que moi-même !

Et c'est très osé ; et cela ne tombe pas du tout, pourtant, dans la répugnante obscénité. Mme Marval a certainement le pied très sûr; car on voit qu'elle aime à côtoyer les précipices !

PABLO PICASSO

Ou Picasso tout simplement ; autrement dit : le Chef des Cubistes ; et nous ne sommes pas au bout de ses continuelles évolutions. Il a une extraordinaire virtuosité. Il ignore tout et il s'assimile tout ; mais rien ne reste en lui. Notons ses principales aventures.

Arrivé à Paris, très jeune, il inaugure la période Steinlen. Il peint la rue, les jardins, les maisons, les gamins et les femmes de la Ville. Il les peint très vite, à raison d'une dizaine de tableaux par jour. Il y en a bientôt tant qu'on organise chez Vollard, en juin 1901, sa première exposition publique. On n'a que l'embarras du choix. C'est une exposition juvénile et diverse. Chacun peut y trouver le sujet qu'il affectionne. Les filles, les enfants, des intérieurs, des paysages, des cafés-concerts, des dimanches aux courses, aux bals publics, etc., etc., voilà les *sujets* généralement représentés. A considérer cette *manière*, ce style preste et hâtif, on se rend vite compte que Picasso veut tout voir, veut tout exprimer. On imagine aisément que la journée n'est pas assez durable pour ce frénétique amant de la vie moderne. C'est alors un harmoniste des colorations claires, mais un peu éperdu, impatient, que le lendemain trouve encore tout armé, en éveil et dispos.

Je le répète, c'est le moment pour lui des *sujets* variés. Voici des titres, en exemple : *Toledo* ; *Iris* ; *la Mère* ; *Morphinomane* ;

l'Absinthe; Moulin-Rouge; la Buveuse; le Soir; le Square; Boulevard de Clichy; le Matador; Café-concert; El Tango; Église d'Espagne; Au bord de l'eau; la Foire; Don Tancredo, etc., etc...

Il se fatigue de ce plagiat; et de Steinlen il passe à Lautrec. De cette seconde période, il laisse encore en tas des tableaux de danseuses, de filles, des portraits bâclés dans les bars et dans les promenoirs. Il ruse, d'ailleurs. Ainsi ses clowns, ses arlequins de cette époque-là ont un air emprunté parfois à d'autres peintres. Ce sont des personnages plus « amusants de couleur » que significatifs.

Mais tout cela ne contente pas Picasso. Il nous revient après un voyage en Espagne, chargé de portraits barbares et, à la vérité, très curieux. Cela encore ne dure pas; il court toujours après une originalité; et

CUBISTES, FUTURISTES ET PASSÉISTES

comme il s'est épris soudainement du Greco, qu'il a placé les photographies des inouïs tableaux de ce Maître tout autour des murs de sa chambre, il innove la « période bleue ». Les amateurs recherchent présentement beaucoup les œuvres de cet instant-là. A un autre moment, Picasso a copié Puvis de Chavannes; je connais aussi des amateurs pour cette période-là. Mais la période bleue, je l'avoue, l'emporte. C'est la période squelettique des couples affamés, agrafés devant un verre d'absinthe. Picasso logeait alors place Ravignan.

Puis vient la « période rouge » qui nous gratifie d'extraordinaires portraits. Picasso se cherche toujours. Sa virtuosité lui permet, d'ailleurs, d'essayer toutes les difficultés. La peinture est pour lui un sport. Il tente toujours l'impossible ; et il suit toutes les routes. C'est alors qu'il tombe sur une sculpture nègre et que, d'un bond, il se lance dans la peinture nègre. Les carrés, les cubes, les triangles lui sont révélés par cette étrange sculpture africaine. Il ignore toute la géométrie ; mais, plus fort que Pascal lui-même, il se l'assimile tout entière en contemplant ce « griot » que le hasard a mis sur sa route. Et, le lendemain, il inaugure, avec quel éclat! la « période nègre ».

Les amateurs, ahuris, s'étonnent, se secouent; puis ils s'interrogent entre eux. Est-ce du génie ou de la fumisterie ? Alors, voici le coup brutal qui les tombe. Picasso leur laisse à peine le temps de se reconnaître ; et il leur jette au nez le « Cubisme » — enfant de la peinture nègre.

Aussi bien, je n'ai pas à commenter les triomphes du Cubisme. Il est maintenant familier à tous. Il a même toute une suite qui escorte Picasso. Aussi celui-ci, copié en

CUBISTES, FUTURISTES ET PASSÉISTES

Allemagne, mais, toutefois, confortablement renté par les Munichois et autres Berlinois, songe aujourd'hui à une totale transformation du Cubisme, déjà commencée par le collage de véritables morceaux d'objets : journal, étoffe, cheveu, bout d'ongle, etc., etc. — et il peut se faire — tellement Picasso est adroit ! — qu'il reste longtemps sans imitateur possible dans l'art des collages d'objets divers sur la toile ou sur le papier ; dans l'art, en un mot, de la présentation des « panoplies ».

JEAN PUY

Ce peintre ne s'est pas systématiquement spécialisé. Il a trop de gravité devant les êtres et les choses pour accorder une préférence à qui et à quoi que ce soit.

Aux Salons des Indépendants et d'automne, il se contente d'être un exposant fidèle; et il est représenté indistinctement par des natures mortes, par des paysages et par des figures.

Voici, au hasard, quelques titres de ses tableaux : *Nature morte crépusculaire; Marie l'apache; Soleil printanier; Filets au vent;*

CUBISTES, FUTURISTES ET PASSÉISTES

Un Bois silencieux; Femme endormie; Petite faunesse dormant; l'Été; Torse de plâtre; la Petite violoncelliste; Femme deminue; Baignade à Concarneau; Petites filles au hamac; Liseuse; Un Bassin à mer basse; Une Matinée nonchalante; Flânerie sous les pins; la Cheminée modeste; Fleurs; Fruits; Collioure; Jeune Savoyarde; Odalisque; Jeu d'été; etc., etc.

Nul peintre n'est plus consciencieux, plus lent pour aboutir. Aussi ses œuvres ont une maturité complète. Une esquisse, même jolie de couleur, ne l'enchante pas — parce qu'elle n'est qu'une esquisse. Mais ses tableaux, quand il les juge, lui, terminés, n'ont point pour cela des traces de fatigue; ils sont toujours d'un frais sentiment, qui n'a été conquis que peu à peu, sans que l'on s'en aperçoive. En exemple, *le Modèle*, le tableau que nous présentons, a demandé un grave effort et de lentes séances. Est-il pour cela amoindri le fascinant modèle qui pose nu, dans une exquise attitude de grâce et de charme ?

M. Michel Puy, qui, vraisemblablement, doit fort bien connaître son frère M. Jean Puy, lui a consacré les lignes suivantes :

« Jean Puy est pris entre ses désirs de peintre et ses goûts d'imaginatif. Il ne consent à entrevoir aucune réalisation matérielle qui n'éveille par contre-coup une certaine joie de l'esprit. Mais aucune idée n'est capable de le satisfaire si elle n'est solidement fichée dans le travail de la matière peinte. Il se fixe une double tâche : étudier longuement, inlassablement, en vue de rendre la nature sans la trahir, et imprimer aux formes et aux couleurs un élan vers ces hauteurs vertigineuses qui tentent notre rêve. Il tend vers tout ce qui remue à la fois la chair et la pensée, vers l'exaltation de l'air et du mouvement, la tristesse féconde de la contemplation et la joie désespérante de la volupté. Dans une *Baignade*, sur des rochers plats qui dominent le rayonnement de la mer, il lance une troupe d'hommes nus, bondissants, frénétiques, emportés par une délirante convoitise vers la fraîcheur bienfaisante de l'eau et la folie de l'horizon. Dans *l'Étreinte*, il oppose à la tendresse du sujet les démonstrations fantastiques de figurines qui se poursuivent dans les draperies, se livrant à d'effarantes singeries, à d'inénarrables plongeons. Le plus souvent pourtant il a plus de retenue et se contente d'exprimer, par la noblesse des attitudes, par la gravité qu'il donne à ses personnages, toutes ses velléités de s'échapper du monde réel. »

Cependant, c'est M. Jean Puy qui a choisi

JEAN PUY

lui-même cette photographie ici reproduite : *le Modèle*; et je crois bien, moi, d'accord avec lui-même, que toutes ses fortes qualités de peintre amoureux du métier, il les met en usage surtout dans des sujets très directs, dans un paysage, par exemple, pris d'après nature : ou encore dans un de ces nus isolés, qu'il modèle, sans se lasser, jusqu'à la limite extrême de sa patience.

GEORGES ROUAULT

M. Georges Rouault, un des disciples préférés de Gustave Moreau, a commencé par être un peintre tout à fait académique.

Il est allé jusqu'au prix de Rome à l'étable de la rue Bonaparte; puis, à l'atelier Moreau, il a appris à peindre des séries de ces tableaux impersonnels que l'on peut baptiser de tous les noms possibles, attendu qu'ils ne représentent rien.

C'est ainsi que nous avons vu de M. Rouault un *Samson tournant la meule; Jésus chez les Docteurs;* un *Christ mort*, etc.

GEORGES ROUAULT

Mais ce pénible labeur accompli, M. Rouault ne s'est pas attardé sur les sujets chers à son maître; et, devenu conservateur du musée de la rue de La Rochefoucauld il s'est révélé, d'un coup, par réaction et par outrance, un des Fauves les plus rugissants des jeunes Salons.

Alors on a vu d'étranges femelles et d'extraordinaires pîtres voisiner, se mêler, dans des fonds rouges de cirques, dans des locatis terribles de maisons closes. Cela semblait la virulente rage d'un homme d'Église acharné contre les damnables sexes. On crut aussi à une haine de misogyne, décagé en plein enfer terrestre. De corpulentes maritornes, des Vénus d'égout s'accroupissaient en des poses de crapaudes épileptiques ou s'offraient, leurs ventres rebondis et parés de halliers en guise de toisons. Ce n'était pas luxurieux; c'était crapuleux et pourrissant. Il

CUBISTES, FUTURISTES ET PASSÉISTES

eût fallu être un moine pour comprendre ces œuvres vomies; on s'écarta; on accourut vers les joliesses de M. d'Espagnat.

Alors Georges Rouault s'entêta — et il continua. Puis il fit des monotypes, des terres vernissées, des faïences.

Sa personnalité, heureusement, ne se modifia point; il resta insociable, haineux, cruel.

J'ai vu de lui, récemment, quelques-unes de ces peintures qui évoquent le métier farouche, maladroit, des paysans de la Souabe. Mais il y a, tout de même, chez M. Rouault, une férocité plus aiguë, une rage plus sournoise. Ce peintre-là doit joliment les abominer, ses contemporains, pour les peindre aussi repoussants et grotesques. M. Georges Rouault est-il donc un pessimiste, une sorte de Léon Bloy de la Peinture?

Dame! l'aspect physique de M. Rouault

vous donne bien cette crainte-là ; et comme l'ancien disciple de Moreau fait tout pour la consolider, il faut bien croire que couve en lui une inexorable joie à exprimer les hideurs des trognes et des faces.

Mais surtout, il traque la Femme, la Femme de tous les âges, la jeune et la lourde bayadère, sombrée, comme un tas pesant, sur les courtines des lits. S'il la représente au Cirque, il est à peine plus galant. Dès que M. Rouault prend une femme, c'est pour la mariner dans les vinaigres, dans les acides — pour la dessécher comme une latte ou pour la gonfler comme une vessie.

Heureusement, M. Rouault apaise ses fureurs par des *Figures décoratives pour céramique*; par un *Baptême du Christ*, humble et naïf; par des *statuettes vernissées*; par des *médaillons* et par d'amusantes effigies pour une suite d'assiettes.

CUBISTES, FUTURISTES ET PASSÉISTES

C'est en somme, un ancien Fauve qui a des goûts très divers. Ne nous en plaignons pas. Il déchire ainsi toutes les catégories de ses concitoyens, y compris les honorables notaires et les intègres magistrats.

K.-X. ROUSSEL

M. Roussel habite à l'Etang-la-Ville. Pour lui, ce plaisant pays, c'est toute l'Arcadie, la Béotie et aussi les Cyclades.

Tous les maraîchers, tous les paysans et toutes les paysannes, ce sont, à sa volonté, des Faunes, des Nymphes, des Vénus, des Apollons ou des Hercules. Se promène-t-il par les champs, au travers des halliers ; s'attarde-t-il près d'un bouquet d'arbres ou d'une flaque d'eau ; et voit-il un homme, une femme, ou des hommes, des femmes, occupés à des travaux rustiques ;

vite, il les déshabille, par la pensée, et il en tire des sujets pour ses toiles mythologiques.

Ce rêve d'Arcadien est divertissant, et il doit être assurément d'une entière douceur, car M. Xavier Roussel n'a jamais voulu en connaître un autre.

Un ivrogne même, ramené par des amis vers son logis, compose pour M. Roussel — si odieux que soit ce spectacle! — *le Triomphe de Silène*. Un paysan bourru, très sale, a-t-il saisi à pleins bras une maritorne, voilà tout préparé *l'Enlèvement d'Europe*. Un borgne devient *Polyphème;* un bossu, *Ésope.*

Tout le pays d'Étang-la-Ville contribue ainsi à donner à M. Roussel des images toutes faites — après une facile transposition. Et je ne suis même pas assuré que le garde champêtre du pays, l'instituteur, le maréchal-

K.-X. ROUSSEL

ferrant et la fille de l'aubergiste ne lui servent pas de modèles immédiats.

J'envie cette heureuse disposition d'esprit. Et que l'on ne vienne pas dire que cela est ainsi parce que M. Roussel s'en tient, en somme, à des sortes d'esquisses agrandies d'École! Car, esquisses, non pas; mais tableaux, au contraire, vrais tableaux!

Oui, il faut savoir que M. Roussel s'attarde à couvrir de beaucoup de couleur ses toiles. Il les prend et les reprend. Il ne les lâche que lorsqu'un véritable et épais émail fixe, avec une délicieuse imprécision, il est vrai, les masses des arbres, des terrains, des figures et même des ciels. Nul ne consomme plus que lui des tubes de couleur, pas même M. Boldini; mais, alors que ce dernier laisse le flux couler, M. Roussel le retient captif et l'oblige à se déposer sur tous les détails de son tableau.

CUBISTES, FUTURISTES ET PASSÉISTES

Octave Mirbeau — j'avoue mon vif plaisir à souvent reproduire des opinions de cet acerbe écrivain — Octave Mirbeau donc a consacré, un jour, à M. Xavier Roussel les lignes suivantes :

« K.-X. Roussel est hanté d'images légendaires. Elles naissent et renaissent sous ses doigts avec une abondance et une facilité charmantes. Elles l'ont séduit et nous ravissent. Mais ce ne sont pour ses dons de peintre qu'autant de prétextes à imaginer des enveloppes précieuses, des harmonies rares, et à en réaliser dont la généralité s'amplifie à mesure qu'il mûrit et se développe. Or, son éloquence, qui paraît si aisée, il n'en préserve le charme que par le souci de la retenir toujours sévèrement au bord de tout bavardage et parce qu'il ne se permet que d'indiquer des développements ou d'en poursuivre d'imprévus. La fraîcheur de ses combinaisons demeure obstinément hautaine, à quelque éclat, à quelque féerie qu'elle monte, à quelque délicatesse qu'elle s'attarde tendrement. »

M. Roussel, on le voit, a raison de rester obstinément à l'Étang-la-Ville, et d'y peindre, sans se soucier de toutes les révolutions actuelles qui convulsionnent si plaisamment la jeune Peinture.

PAUL SIGNAC

Si, pour M. Marinetti, le chef du Futurisme, Ruskin est un malfaisant nigaud, il est, au contraire, pour M. Paul Signac une sorte de dieu ! Donc, Ruskin ayant dit : « Il faut considérer toute la nature purement comme une mosaïque de différentes couleurs qu'on doit imiter une à une en toute simplicité. Ce sont donc des fresques qu'il faut qu'on fasse ? Oui, et mieux encore, des mosaïques ! » — M. Paul Signac fait, après Georges Seurat, de la mosaïque.

Les plaisanteries, certes, sont faciles. Le

mot *confetti*, par exemple, baptise encore, d'une appellation surannée, la peinture des néo-impressionnistes. Pourtant, si leur procédé est à la longue fatigant, il n'est plus question de nier la luminosité qu'ils ont, à pleines couleurs complémentaires, jetée sur leurs toiles; et M. Paul Signac, leur chef actuel, n'a point négligé pour cela l'équilibre des masses et l'ordonnancement décoratif de *ses* sujets.

Mais voilà, je crois qu'*on* lui garde toujours rancune d'avoir voulu, lui aussi, *s'expliquer* au moyen d'un petit livre célèbre, qui a pour titre : *D'Eugène Delacroix au néo-impressionnisme*. *On*, je veux dire : *les confrères* et les amateurs. Car, pour la plupart de ces « cervelles de hameau », expliquer quelque chose avec intelligence, c'est accumuler sur soi toutes les plus basses rancunes et les plus sournoises attaques ! Donc,

CUBISTES, FUTURISTES ET PASSÉISTES

M. Paul Signac a peut-être eu tort d'écrire !

Mais c'est que personne n'a cherché plus loin — M. Henri-Matisse pour lui-même, bien entendu, excepté ! — les *raisons* de peindre comme il peint.

M. Paul Signac a eu vraiment, sur ce sujet qui en valait, on en conviendra, la peine, toutes les préoccupations. C'est ainsi que je me suis laissé dire qu'un jour il fut en grande ambassade trouver au Muséum le sénile Chevreul, chimiste-sorcier de la couleur. Il s'agissait pour M. Signac d'obtenir des révélations sensationnelles, de ces conseils enfin qui révolutionnent tout un art. Chevreul écouta, s'étonna, et enfin il dit : « Mais, messieurs, à la peinture je n'y entends goutte ! si vous voulez avoir sur ce sujet des conseils précieux, il vous faut sans tarder aller trouver mon collègue de l'Institut, M. Bonnat ! »

PAUL SIGNAC

M. Signac ne se le tint pas pour dit. Il cherça, questionna encore, fureta dans les bouquins diserts et ennuyeux; et il fut tout heureux « d'avoir adopté une facture dans laquelle l'habileté de main n'a aucune importance », quand il put lire, toujours dans Ruskin :

« Seulement, dans ce système de dessin méticuleux, de lignes consciencieuses et appuyées, de couleurs mates, une à une dissociées et laborieusement posées point par point, de pignochage net, précautionneux et probe, quel rôle jouent la largeur de la facture, la fluidité savoureuse de la touche, la virtuosité de la main, la liberté du pinceau? Elles n'en jouent aucun, parce qu'elles n'en doivent pas jouer. Le virtuose est un pharisien qui se complaît en lui-même et non en la beauté... C'est un équilibriste qui jongle avec ses ocres, ses outremers, ses cinabres,

CUBISTES, FUTURISTES ET PASSÉISTES

au lieu de les apporter en tribut devant la nature sans égale et devant le ciel sans fond. Il dit : « Voyez mon adresse, voyez ma sou-« plesse, voyez ma patte ! » Il ne dit pas : « Voyez comme Elle est belle et comme Elle « passe tous nos pauvres artifices humains ! »

Et M. Signac d'ajouter : « Ces lignes ne sont-elles pas la meilleure réponse que l'on puisse faire aux critiques qui reprochent aux néo-impressionnistes la discrète impersonnalité de leur facture ? »

Mais M. Signac est trop modeste. Il est, lui, très personnel, au contraire; d'une originalité même très caractérisée. Rien de commun, par exemple, avec ses savantes marines, et les paysages laborieusement secs et désagréables de M. Théo Van Rysselberghe.

Quant à ses dessins et à ses aquarelles, le tout en est extrêmement louable. Ses dessins sont solides, toujours d'un bel ensemble décoratif; et ses aquarelles sont délicates, très vives, très colorées, très chatoyantes, très libres aussi — le procédé du *point* proprement dit en étant régulièrement absent.

Il est regrettable que l'on ne fasse point appel au talent de M. Signac pour décorer une salle des fêtes, un casino, etc. Un jour, je me souviens, il prit part à un concours pour la décoration de la mairie d'Asnières. Ce fut un médiocre qui obtint le prix. Il avait eu pour lui les suffrages des peintres officiels — une espèce d'irréductibles ganaches !

SUNYER

Catalan, il est originaire de Sitgès, à quarante kilomètres environ de Barcelone. Il vient une première fois à Paris.

Il peint la Rue, les parcs, les jardins. Il illustre *la Rue du Croissant*, d'Henry Fèvre et *Belleville*, de Gustave Geffroy. Ce sont des illustrations significatives, d'un trait précis et âpre, qui n'est emprunté à personne.

Il fait des eaux-fortes en noir et en couleurs, singulières, prenantes. Cet Espagnol

« découvre » mieux Paris que n'importe quel Parisien. Mince, très jeune, l'air d'un Japonais, on le rencontre alors partout : dans les bals, dans les promenoirs de music-halls, autour des champs de courses ; mais aux Salons et même au Musée du Louvre, il préfère toujours la Vie.

Il est un nouvel « Homme des foules » tenace, obstiné ; il ne rentre chez lui que lorsque la rue est déserte ; — que lorsqu'il a suivi le dernier passant et qu'il l'a vu disparaître soudainement dans le noir d'un Faubourg.

Ses gamines, ses camelots, ses étudiants, ses étudiantes, c'est toute une famille qui est bien à lui, bien créée par lui ; et l'on ne retrouve chez aucun de ces amusants personnages des aspects, des tics et des attitudes conventionnels. C'est pourquoi ses illustrations des *Minutes pari-*

siennes demeurent si curieusement attachantes.

Mais, malgré tout, Sunyer est, lui aussi, un déraciné; et, au moment où l'élite le recherche, on apprend qu'il est parti pour l'Espagne.

Il veut travailler tranquillement, isolément. Et, comme aucun pays ne le tente plus que Sitgès, il y reprend racine, s'étant logé dans une ancienne chapelle, qui lui sert d'atelier.

Sitgès est pourtant une petite ville farouche, dans un paysage sec et rude, mais la mer méditerranéenne la fleurit, il est vrai, de sa grâce.

Là, Sunyer, dans toute sa joie, peint des nus au bord de la mer, des matelots, des barques. Il peint aussi des paysages dont il accentue les aspects bibliques, et qui deviennent si aisément des *Pastorales*.

SUNYER

Il recherche un style, des arabesques décoratives, des plans solides de terres, des frondaisons massives: et c'est sur ce dessin d'ensemble qu'une harmonie de couleurs sobres vient s'épanouir.

Ses paysages s'animent souvent de figures nues, d'animaux et de larges plantes. Il y a alors un charme infini dans la mise en scène de tous ces éléments. Des pastorales! Oui, le mot est exact; et il exprime bien la douceur, toute la tendresse, tout l'amour que Sunyer répand sur ses toiles en échange de l'émerveillement que son pays catalan lui accorde.

Le calme, voilà aussi une des singularités de ses pastorales. Mais ce n'est pas la campagne accablée sous l'universelle chaleur, par exemple : c'est simplement un grand bonheur des êtres et des choses; et ce grand bonheur, Sunyer sait le transposer sur ses toiles; car on le retrouve dans toute la mise en scène des masses et des détails décoratifs.

L'exil a mûri ce beau talent qui était déjà hier si insigne !

LES SYNCHROMISTES

———

Ils sont représentés par deux jeunes peintres américains : MM. Morgan Russell et S. Macdonald-Wright. Tous deux ont étudié en toute liberté, au cours de séjours à Paris, à Londres et à Munich.

C'est au Salon des Indépendants, en l'année 1913, que le premier tableau synchromiste fut présenté par M. Morgan Russell. Ce tableau, intitulé : *Synchromie en vert*, est celui que l'on trouvera dans ce livre. et qui fut exposé ensuite au mois de novembre 1913, avec d'autres œuvres de MM. Morgan Russell et S. Macdonald Wright dans la galerie Bernheim-jeune.

Pour n'être pas soupçonné de fausse explication de cette peinture à coup sûr empreinte de nouveauté, je laisse ici librement MM. Morgan Russell et S. Macdonald Wright exposer d'abord ensemble et de la manière suivante leur théorie :

« Le mot synchromie veut dire « avec couleur » et doit son introduction dans la langue artistique, au fait que l'un de nous, M. Morgan Russell, en cherchant un titre pour sa *Synchromie en vert* qui s'appliquerait à la nature même de la peinture et non au sujet, a eu l'idée de substituer le mot : « couleur » au mot « phônê (son) » dans « symphonie ».

« Whistler a bien senti le besoin d'un mot autre que l'indication du sujet, mais il ignorait sans doute que « symphonie » donti

LES SYNCHROMISTES

se servait ne pouvait s'appliquer à la peinture.

« Pour fixer les idées et mettre en évidence par un contraste le caractère particulier de notre action, envisageons d'abord cette jeune École de peinture, qu'on appelle l'*orphisme*. Une ressemblance superficielle entre les œuvres de cette école et une toile synchromiste exposée au dernier Salon des Indépendants a permis à certaine critique de les confondre : c'était prendre un tigre pour un zèbre, sous prétexte que tous deux ont un pelage rayé.

« Dans l'orphisme de M. Robert Delaunay et de ses suivants, nous voyons se manifester les impressionnistes, plus largement appliqués il est vrai et compliqués par ces déformations et ces jeux linéaires et rythmiques auxquels nous initia Cézanne et dont Picasso et ses disciples se firent les vulgarisateurs. Au surplus, le résultat répondit mal à l'ambition du programme : asservie à l'humble tâche d'énumérer et de cataloguer les objets, la couleur s'étala mince sur des volumes, et, loin de réaliser sa fonction, qui est de susciter une émotion qualitative, il semble qu'elle ne soupçonnât même pas son rôle essentiel.

« Au lieu d'obliger les couleurs à servir n'importe où, nous leur assignons une place conforme à leur nature intime, à leur propension naturelle. Parce qu'on aura couvert de noir ou de violet une ample surface, s'imaginera-t-on avoir exprimé une masse puissante et solide, sous prétexte qu'un personnage a revêtu un costume de cette couleur-là ou qu'un mur est badigeonné de cette couleur-ci ? Ce serait être trop naïf ; et, musiciens, nous ne jouerions pas une marche funèbre sur la flûte sous prétexte que cet instrument

LES SYNCHROMISTES

est capable d'émettre les sept notes de la gamme.

« Laissons aux peintres enclins à des illusions de ce genre le soin de choisir et grouper des objets colorés et d'en donner sur la toile le simulacre triste et littéral : exercice oiseux et bon pour des copistes. Nous rêvons pour la couleur une plus noble besogne. C'est la qualité même de la forme que nous prétendons exprimer et révéler par elle, et pour la première fois, ici, la couleur apparaît dans ce rôle.

« Un art peut naître qui dépasserait en puissance émotionnelle la peinture contemporaine, comme l'orchestre moderne distance le vieux solo de clarinette. »

* *
*

MM. Morgan Russell et S. Macdonald Wright, par les exposés ci-après, expriment

CUBISTES, FUTURISTES ET PASSÉISTES

alors, successivement, leurs principales préoccupations picturales.

« Vainement chercherait-on (dit, le premier, M. Morgan Russell), dans les grandes œuvres des maîtres consacrés, un rythme de couleur générateur de l'ensemble. Certes, linéairement, une belle ordonnance anime et régit l'œuvre, c'est-à-dire que les directions motivées par les formes s'équilibrent autour d'un centre ; mais ce que, modernes, nous considérons comme la véritable matière constructive d'un tableau est resté à l'état primitif d'une juxtaposition de teintes et manque de tout caractère de continuité.

« Pour résoudre le problème d'une construction nouvelle du tableau, nous avons considéré la lumière comme des ondulations chromatiques conjuguées et nous avons soumis à une étude plus serrée les rapports harmoniques entre couleurs. Ces « couleurs

LES SYNCHROMISTES

rythmes » incorporent, en quelque sorte, à la peinture la notion de temps : elles donnent l'illusion que le tableau se développe, comme une musique, dans la durée, alors que l'ancienne peinture s'étalait strictement dans l'espace et que, d'un regard, le spectateur en embrassait simultanément tous les termes. Il y a là une innovation sur laquelle j'ai systématiquement spéculé, l'estimant de nature à exalter et intensifier la puissance d'expression de la peinture.

« Ma façon de concevoir la lumière diffère de la vision des impressionnistes sur les points suivants :

« 1° Je ne me soucie, pour ainsi dire, pas de la couleur locale des objets ;

« 2° Je n'estime pas que le soleil soit jaune, je constate que la forte quantité de lumière qu'il nous envoie, suscite en nous une sensation de jaune qui est une illusion subjective au même titre que le violet des ombres.

« Toutes les valeurs de lumière suscitent en nous des sensations colorées. Les extrêmes degrés, avec leurs équivalents de jaune et de violet, sont accompagnés de demi-tons qui, eux aussi, ont leurs équivalents en sensations de couleur.

« Dans les tableaux actuels, le jaune et le violet existent bien comme traduction d'un degré de lumière, mais le rouge, l'orangé, le vert n'y figurent que si un heureux hasard a placé un objet de cette couleur dans le champ visuel du peintre.

« Je suis arrivé ainsi à ce que j'appellerai, faute d'un meilleur mot, l'orchestration du noir au blanc, — ceux-ci admis à dignité de couleurs. »

LES SYNCHROMISTES

⁂

A son tour, M. S. Macdonald Wright nous expose ses idées et préoccupations particulières :

« La forme, dit-il, se traduit dans mon esprit comme couleur : en même temps qu'une composition de forme, mon imagination engendre l'organisation de couleur qui y correspond.

« Puisque de la juxtaposition de deux ou trois couleurs sur la toile résulte une sensation lumineuse, je trouve inutile de m'occuper plus expressément de la lumière — un tel souci ne peut mener qu'à une impasse.

« On n'a jamais approfondi le rapport intime de la couleur avec la forme et l'espace. Dans la peinture contemporaine comme dans l'ancienne, l'accouplement des couleurs avec les formes offre de perpétuelles contradictions qui deviendront d'autant plus pénibles que nos sens seront plus aiguisés. A la vérité, certains peintres ont perçu cette antipathie entre formes et couleurs ; mais le fait d'avoir constaté ces contradictions les a tellement grisés que cela les a rendus incapables d'aborder la solution de la difficulté. Ils sont restés béatement admiratifs devant leur simple constatation.

« L'espace s'exprime par un spectre étalé en quelque sorte dans le sens de la profondeur. Songeons au phénomène qui s'est produit quand l'imagination des artistes, lasse de la calligraphie coloriée du moyen âge et de son panorama enfantin, a commencé à se déployer en profondeur, nous introduisant ainsi au sein de la réalité même. Toutefois il y a une grande différence entre l'espace de ces peintres et le nôtre : chez eux nous le « reconnaissons » par la diminution des gran-

LES SYNCHROMISTES

deurs, chez nous la qualité profondeur provoque une émotion subjective. »

*
* *

Ces déclarations excitent, il est certain, une vive curiosité. MM. Morgan Russell et S. Macdonald Wright vont, d'ailleurs, multiplier désormais les manifestations de leurs théories picturales. Nous les retrouverons, chaque année, au Salon des Indépendants et dans les expositions particulières. Il était nécessaire de signaler ce nouvel instant historique de la jeune Peinture.

MAURICE UTRILLO

Les façades lépreuses, les murs rongés, les toits chancelants, tout le déchet des faubourgs d'une grande ville, les exostoses des plâtres mous, les dolentes silhouettes des arbres grêles, les pourritures des vieilles petites maisons — puis, tout d'un coup, l'aspect éclatant d'une muraille blanche, le roux qui chante d'une boutique repeinte, d'un locatis dont les planches gondolent et pètent — voilà ce que Maurice Utrillo a peint avec une âme naïve, primitive, barbare.

MAURICE UTRILLO

Il a trouvé tout cela sur cette Butte que les démolisseurs, maintenant, assaillent avec des férocités de goujats. Il a chanté un quartier qui demain sera jeté aux gravats, avec toutes les autres ordures de la Ville. Il a peint, non pas Montmartre qui s'égaye, mais Montmartre qui se putréfie; et les murs verdis de décomposition, les eczémas des plâtres, personne ne les avait vus et exprimés comme lui.

J'ai vu un jour par hasard un tableau de Maurice Utrillo; j'ai voulu voir beaucoup d'autres tableaux de ce peintre si singulier. M. Libaude, le collectionneur connu, en possède des centaines. C'est lui qui a « découvert » Maurice Utrillo; aussi sait-il le louer d'une manière excellente : « Utrillo (a écrit M. Libaude) aime la banalité apparente de ces paysages frelatés aux arbres maigres, aux herbes parcimonieuses.

CUBISTES, FUTURISTES ET PASSÉISTES

Devant un mur qui laisse le passant indifférent, Utrillo s'arrête, contemple le jeu coloré des taches, les note dans son esprit et les peint. Ce mur l'intéresse autant que les nuages, les merveilleux nuages qu'il sème, souvent à peine perceptibles, dans le ciel léger.

« Il aime les clochers moroses des anciennes églises, les rues désertes des banlieues mornes. Après avoir triomphé, dès ses débuts, dans la somptuosité grise et bleue des cathédrales qui se dressent, silencieuses, sur les vieilles villes de France : Amiens, Chartres, Orléans, Paris, Maurice Utrillo a compris qu'une église de campagne est aussi touchante qu'une basilique. Et les plus humbles maisons l'attirent, il en fait jouer les façades, comme un clavier, sur toute la gamme des blancs.

« Il paraît se complaire plus spécialement

dans l'étude patiente des plâtres et des meulières, le dessin fantasque des vieux toits, les bleus mourants des ciels anémiques. Ses gris surtout sont merveilleux !

« Maurice Utrillo évoque, pour tout Parisien sensible, la nostalgie de la ville natale, son ciel malade, ses maisons résignées. Il a compris toute la misère de ses rues populaires, et la tristesse des routes dans la banlieue désolée.

« Ses paysages sont souvent des rues, vues en enfilades et dont le lointain se perd en menus détails. Parfois aussi il nous montre simplement un mur, quelques arbres et le ciel. C'est assez pour être un poète et un peintre. »

FÉLIX VALLOTTON

M. Félix Vallotton a été tout de suite connu par ses portraits et par ses intérieurs, gravés sur bois avec une sincérité absolue et avec une simplicité persuasive.

Chacun de nous conserve certains de ces bois-là. Le premier portrait que Hüysmans me donna, ce fut une de ces gravures si expressives et si fidèles. Il l'avait placé dans un petit cadre, provenant de la collection d'un abbé ; et il aimait ce portrait, qui lui rappelait le temps où, disait-il, « il mijotait dans son auge ».

FÉLIX VALLOTON

Mais, bien entendu, Félix Vallotton, peintre, a une tout autre place !

Ses paysages sont graves et simples encore. Et quelle diversité de sujets ! Du Nord au Midi, de la Normandie à la Provence, d'Arques-la-Bataille à Marseille, il a représenté des centaines de sites, avec le même souci d'éterniser ses sensations, par un dessin impérieusement un peu sec, par une harmonie générale volontairement réduite à quelques tons.

Ses plus beaux paysages ont des aspects de paysages historiques. Quelquefois des petites figures les animent, mais elles n'ajoutent rien au style froid du site. M. Félix Vallotton est né à Lausanne ; ses paysages révèlent son origine.

Mais, certes, elle est bien plus sensible encore dans ses figures !

Par elles, il est rébarbatif, moins sensuel

CUBISTES, FUTURISTES ET PASSÉISTES

qu'Ingres, mais fortement amoureux pourtant de la même passionnante précision.

M. Félix Vallotton a fait des centaines de grandes figures et de portraits. Son talent s'est épris de la forme, s'est inscrit dans ces volumes pleins, dans ces masses savoureusement équilibrées du corps humain. Ce peintre ne veut pas nous séduire d'une autre manière, il dédaigne l'artifice, la ruse ; mieux même : il ignore les moyens qu'utilisent tant de ses confrères. Ses nus sont d'un modelé sévère ; la sensualité en est fortement cachée ; elle ne se livre qu'après une longue méditation : le premier venu ne la découvre pas. La couleur générale, elle aussi, est volontairement assourdie ; elle ne veut pas « raccrocher » ; elle ne veut pas plaire ; elle veut faire penser. Cependant, l'art de M. Félix Vallotton n'est pas un art de prédicateur ; il veut seulement être considéré avec réflexion, avec une lente gourmandise. Il ne s'adresse pas aux esprits superficiels, que l'on captive si aisément avec des rouges, des bleus et des jaunes; il s'adresse aux sages.

C'est un art protestant, peut-être; mais c'est surtout un art protestant qui a cessé d'être bourru et revêche au contact de Paris et des autres pays enviables que M. Félix Vallotton a visités.

MAURICE DE VLAMINCK

Ce Fauve ne pouvait pas rester en cage dans les ateliers.

Il se terra du côté de Rueil; et, tout seul, il se mit à peindre. Comme il aimait l'eau au point de devenir un champion d'aviron, il fixa la Seine dans des toiles noires, angoissantes, superbes. *La Seine, l'hiver; la Vallée de la Seine, à Marly; les Bords de la Seine; la Seine au Pecq*, etc., etc., autant de tableaux qui exprimèrent d'une manière originale le fleuve, les arbres, les petites villes aux maisons de jouets d'enfants et les ciels bousculés de nuages blancs et bleus.

Aux jours héroïques du Salon d'automne, on classa tout de suite Vlaminck parmi les Fauves. Il méritait cette appellation. Par sa vie, d'abord; sa vie à l'écart de la ville; sa vie de vagabond de la peinture qui abat des kilomètres, avec, sur le dos, la charge de la boîte à couleurs, des toiles et du chevalet mobile.

Par sa peinture, Vlaminck fut un Fauve ensuite; par sa peinture barbare, inculte, où les tendresses étaient cachées sous des noirs, des bleus et des verts profonds.

Mais il restait un Fauve passionnément nomade. On le voyait aux Andelys, à Rouen, au Havre, ne quittant jamais les bords de la Seine; quelques jours plus tard, il apparaissait dans le Midi, épris toujours de l'eau, et représentant sauvagement encore l'admi-

CUBISTES, FUTURISTES ET PASSÉISTES

rable vieux port de Marseille ou les eaux de rêve des Martigues.

Entre temps, il exécutait des céramiques : des centaines d'assiettes et de vases qu'il décorait de la plus ingénieuse façon. Il fut le premier en date des metteurs en scène d'intérieurs, si souvent reproduits depuis au Salon d'automne. Vollard possède, par Vlaminck, une grande table peinte, qui reste le modèle de tous les essais que tentent aujourd'hui les fabricants, ces camelotiers attardés.

Des gravures sur bois, d'une brutalité émouvante, et que vous pouvez regarder, avec les tableaux de ce peintre singulier, dans la galerie Kahnweiler, commentent encore, avec quel éclat! un apport de dons rares, sincères et résolument personnels.

Mais, surtout, ses tableaux ont une saveur unique!

MAURICE DE VLAMINCK

Voici des œuvres enfin qui ne recherchent aucune complication, qui ne sont pas des rébus, des jeux de puzzle ou des épures d'aliéné; elles vous prennent nettement par la rudesse des tons et par la grandeur du style. Elles évoquent, à propos de sites pour tous d'aspect au premier abord anodin, des paysages encore sous le soubresaut d'une épouvante, des villages mal essuyés d'orages effroyables, des eaux encore apeurées du fracas des trombes. Du pesant malheur vient de passer qui a laissé les arbres tachés de tons sinistres et les maisons balafrées d'horreur. C'est un art très beau, très poignant; et, Vlaminck, peintre français, né de parents belges, me fait penser parfois au Greco, un des dieux de toute la Peinture.

ÉDOUARD VUILLARD

Un jour, M. Octave Mirbeau consacrait à cet intimiste les lignes suivantes :

« Vuillard, dont le raffinement me paraît le plus directement, le plus voluptueusement sensuel, me paraît aussi le plus impassible, parmi la tendresse ou l'acuité des sensations qu'il évoque courageusement dans leur complexité. Sa volonté n'intervient dans le ragoût de ses combinaisons que pour marquer sa personnalité. Son unique souci est délibérément abstrait. Il semble demeurer d'autant plus abstrait d'intention qu'il est plus délicieusement, plus somptueusement sensuel. Si sa sensibilité a quelque chose d'enivrant, il est assez subtil et ingénieux pour la maintenir toujours savamment en équilibre. J'ajoute qu'il n'est jamais plus à l'aise et qu'on ne le goûte jamais mieux que quand son imagination — je la voudrais dire musicale — peut se donner carrière sur d'assez amples surfaces : il faut des murs à sa magie. »

Certes M. Vuillard les trouve souvent, ces murs ; il les choisit même délibérément, de préférence aux tableaux de chevalet. Et il a raison, en effet : il est un décorateur-né. Mais on lui reproche de trop lâcher souvent sa couleur générale, et de faire alors du papier peint. Ce mode de peinture à la détrempe qu'il affectionne depuis quelques années en est certainement la cause ; car nous avons vu maintes fois des tableaux de M. Vuillard peints solidement, et dans de charmantes tonalités.

CUBISTES, FUTURISTES ET PASSÉISTES

Sans doute, j'ai entendu aussi quelquefois évoquer le nom de M. Bonnard devant certains tableaux de M. Vuillard. Ce n'est peut-être pas tout à fait juste, mais ce n'est pas non plus tout à fait injuste. Il est certain que M. Pierre Bonnard exerce une redoutable influence sur bien des peintres en général, et sur M. Vuillard en particulier; mais je persiste à croire que ce n'est là qu'une sorte de rencontre fortuite, étant donné que nul n'est plus que M. Vuillard à la recherche obstinée de moyens tout à fait personnels. Autant M. Bonnard semble être sûr de lui, autant M. Vuillard tâtonne, hésite, et avec une telle réflexion, une telle méditation qu'il aboutira bien un jour à une précise originalité, qui « ne devra plus rien », comme on dit, « à personne » !

Pour l'instant, on ne peut s'empêcher d'admirer la façon dont il sait « assourdir » les roses, les bleus et les verts. C'est un intimiste délicat et profond. Ses intérieurs ont toujours l'air de contenir beaucoup de tendresse, et d'être de véritables foyers de bonheur. Tous les objets y sont comme voilés de bien-être et de calme. C'est pourquoi les figures dans ses tableaux ne comptent pas plus qu'une autre partie du décor. Une tasse, la cheminée, un cadre, un divan, autant d'autres quasi-figures peintes avec autant de joie que la femme, l'enfant ou le chien. En cela, M. Vuillard s'éloigne assez complètement des autres peintres. En un mot, c'est un parfait amant de la nature animée et inanimée.

LA JEUNE SCULPTURE

Nous suivrons encore rigoureusement l'ordre alphabétique

BOCCIONI

Du 20 juin au 16 juillet 1913, le peintre et sculpteur futuriste Umberto Boccioni exposait à la galerie La Boëtie différentes œuvres : des « ensembles plastiques » et des dessins.

L'habituelle préface due à un quelconque de ces critiques d'art que les peintres futuristes exècrent autant que M. Mirbeau lui-même — ce qui n'est pas peu dire ! — était remplacée par la déclaration suivante :

« Les œuvres que je présente au public

CUBISTES, FUTURISTES ET PASSÉISTES

parisien sont le point de départ de mon *Manifeste technique de la Sculpture futuriste* (Milan, 11 avril 1912).

« Le désir traditionnel de fixer un geste dans une ligne et d'autre part la nature et l'homogénéité mêmes des matières employées (marbre ou bronze), ont contribué à faire de la sculpture l'art statique par excellence.

« J'ai pensé aussi qu'on pourrait obtenir un premier élément dynamique, en décomposant cette unité de matière en un certain nombre de matières différentes, dont chacune peut caractériser par sa diversité même une différence de poids et d'expansion des volumes moléculaires.

« Le problème du dynamisme en sculpture ne dépend pas seulement de la diversité des matières, mais surtout de l'interprétation de la forme. La recherche de la forme d'après nature éloigne la sculpture (et la peinture également) de son origine et de son aboutissement : l'architecture.

« L'architecture est pour la sculpture ce que la composition est pour la peinture. L'absence absolue d'architecture est le défaut le plus grave de la sculpture impressionniste.

« L'étude pré-impressionniste de la forme (suivant un procédé analogue à celui des Grecs et de tous les primitifs) nous mènent fatalement à la forme morte, et par conséquent à l'immobilité. Cette immobilité est le caractère principal de la sculpture cubiste.

« Entre la forme *réelle* et la forme *idéale*, entre la forme neuve (impressionnisme) et la conception traditionnelle (pré-impressionniste, c'est-à-dire toujours routinièrement grecque) il y a une forme changeante, en évolution, et qui n'a rien à faire avec toutes les formes conçues jusqu'ici. Cette double conception de la forme : *forme en mouve-*

ment (mouvement relatif) et *mouvement de la forme* (mouvement absolu) peut seule rendre dans la durée l'instant de vie plastique vécu dans sa manifestation, sans le découper en le tirant de son atmosphère vitale, sans l'arrêter dans son mouvement, en un mot sans le tuer.

« Toutes ces convictions me poussent à rechercher en sculpture non pas la forme pure, mais le *rythme plastique pur*, non pas la construction des corps, mais la *construction de l'action des corps.* J'ai donc pour idéal non pas une architecture pyramidale, (état statique), mais une architecture spiralique (dynamisme). C'est pourquoi un corps en mouvement n'est pas pour moi un corps étudié à l'état d'immobilité et modelé ensuite comme s'il était en mouvement ; c'est, au contraire, un corps en mouvement, une réalité vivante absolument *nouvelle* et *originale*.

« Pour donner un corps en mouvement, je me garde bien de donner sa trajectoire, c'est-à-dire son passage d'un état de repos à un autre état de repos, mais je m'efforce de fixer la forme unique qui exprime sa *continuité dans l'espace.* »

*
* *

« Toute personne intelligente comprendra que de cette construction architecturale spiralique devait naître la *simultanéité sculpturale*, analogue à la simultanéité picturale proclamée et exprimée par nous dans notre première Exposition de peinture futuriste à Paris (5 février 1912).

« Les sculpteurs traditionnels font tourner la statue devant le spectateur ou le spectateur autour de la statue. Tout angle visuel du spectateur embrasse ainsi l'un des côtés de la statue ou du groupe sculptural. Ce procédé ne fait qu'augmenter l'immobilité de l'œuvre. Ma construction architecturale spiralique crée au contraire, devant le spectateur, une continuité de formes qui lui permet de suivre idéalement (à travers la *forme-force* jaillie de la forme réelle) un nouveau contour abstrait qui exprime le corps dans ses mouvements matériels.

« La forme-force est, par sa direction centrifuge, le potentiel de la forme réelle vivante. C'est donc d'une façon plus abstraite que l'on perçoit la forme dans ma sculpture. Le spectateur doit construire idéalement une continuité (simultanéité) qui lui est suggérée par les formes-forces équivalentes à l'énergie expansive des corps.

« Mon ensemble sculptural évolue dans l'espace créé par la profondeur du volume, en montrant l'épaisseur de chaque profil. Mon ensemble sculptural n'offre donc pas une série de profils fixes, immobiles et silhouettés. Chaque profil porte en soi l'indication des autres profils précédents et suivants qui forment l'ensemble sculptural.

*
* *

« De plus, mon génie se propose d'obtenir par des recherches assidues, une fusion complète de l'ambiance et de l'objet, au moyen de la *compénétration des plans*. Je me propose de faire vivre l'objet dans son ambiance, sans en faire l'esclave de lumières artificielles ou fixes, ou d'un plan d'appui. Je dédaigne absolument ce procédé trompe-l'œil des sculpteurs impressionnistes qui, en s'éloignant trop de la sévérité architecturale, ont, en revanche, trop recours à la peinture.

« La conception de l'objet sculptural devenant le résultat plastique de l'objet et de

CUBISTES, FUTURISTES ET PASSÉISTES

l'ambiance, produit naturellement l'abolition de la distance qui existe par exemple entre une figure et une maison située 200 mètres plus loin. Cette conception produit le prolongement d'un corps dans le rayon de lumière qui le frappe, la pénétration d'un *vide* dans le *plein* qui lui passe devant.

« J'obtiens tout cela en unissant des blocs atmosphériques à des éléments de réalité plus concrets.

« Par conséquent, si une forme sphérique (équivalent plastique d'une tête) est traversée par la façade d'un palais situé plus loin, le demi-cercle interrompu et la façade carrée qui l'interrompt formeront une nouvelle unité, composée de l'ambiance + objet.

« Il faut oublier complètement la figure fermée dans sa ligne traditionnelle et donner au contraire la figure comme centre de directions plastiques dans l'espace.

BOCCIONI

« Les sculpteurs qui subissent le joug de la tradition et du métier me demandent d'un air épouvanté, comment je pourrai arrêter la périphérie de l'ensemble sculptural, du moment que la figure s'achève dans la ligne déterminée par la matière même (glaise, plâtre, marbre, bronze, bois ou verre) isolée dans l'espace. La réponse est aisée : Pour que la périphérie de l'ensemble sculptural s'évanouisse peu à peu et se perde dans l'espace, je colore en noir ou en gris la ligne extrême du contour en graduant et nuançant ces couleurs jusqu'à atteindre une clarté centrale. Je crée ainsi un clair-obscur auxiliaire qui forme un noyau dans l'ambiance atmosphérique (*premier résultat impressionniste*). Ce noyau sert à augmenter la force du noyau sculptural dans son ambiance, composée de directions plastiques (*dynamisme*).

CUBISTES, FUTURISTES ET PASSÉISTES

« Quand je ne juge pas à propos de me servir des colorations, je néglige ce moyen matériel de me répandre en nuances dans l'espace et je laisse vivre les sinuosités, les interruptions, l'élan des lignes droites et des courbes, suivant la direction que leur imprime le mouvement des corps.

« Nous parviendrons ainsi, dans les deux cas, à sortir enfin de la continuité écœurante de la figure grecque, gothique, michelangesque. »

UMBERTO BOCCIONI,
Peintre et sculpteur futuriste.

**
* **

Auparavant, c'est-à-dire le 11 avril 1912, Umberto Boccioni avait publié, de son côté, *le Manifeste technique de la Sculpture futuriste.*

BOCCIONI

Il convient de le donner ici en entier, car des citations ne pourraient qu'en atténuer l'intérêt, et trahiraient certainement l'esprit même de ces pages résolument armées contre la sculpture de notre temps.

Voici donc le texte complet de ce Manifeste :

« La sculpture, telle qu'elle nous apparaît dans les monuments et dans les expositions d'Europe, nous offre un spectacle si lamentable de barbarie et de balourdise, que mon œil futuriste s'en éloigne avec horreur et dégoût.

« Nous voyons à peu près partout l'imitation aveugle et grossière de toutes les formules héritées du passé : imitation que la lâcheté de la tradition et la veulerie de la facilité encouragent systématiquement.

« L'art sculptural dans les pays latins agonise sous le joug ignominieux de la *Grèce* et de *Michel-Ange*, porté avec l'aisance du génie en France et en Belgique, avec le plus morne des abrutissements en Italie. Nous notons dans les pays germaniques l'obsession ridicule d'un style gothique hellénisé que Berlin industrialise et Munich ramollit avec de lourdes mains professorales. Les pays slaves, au contraire, se distinguent par un mélange chaotique d'archaïsmes grecs, de démons conçus par les littératures du Nord et de monstres enfantés par l'imagination orientale. C'est un amas d'influences qui, du particularisme excessif et sybillin du génie asiatique, monte jusqu'à la puérile et grotesque ingéniosité des Lapons et des Esquimaux.

« Dans toutes ces manifestations de la sculpture, dans les plus routinières aussi bien que dans celles qui sont agitées par un souffle novateur, persiste la même erreur : l'artiste copie le nu et étudie la statue classique avec la conviction ingénue de pouvoir trouver un style qui corresponde à la sensibilité moderne, sans sortir de la conception traditionnelle de la forme sculpturale. Il faut ajouter d'autre part que cette conception, avec son vénérable idéal de beauté, ne se détache jamais de la période de Phidias et de la décadence artistique qui la suit.

« Il est à peu près inexplicable que des générations de sculpteurs continuent à construire des fantoches sans se demander pourquoi tous les salons de sculpture sont devenus des réservoirs d'ennui et de nausée et les inaugurations des monuments, dans les places publiques, des rendez-vous d'hilarité irréfrénable. Cela ne se vérifie guère dans la peinture, qui, par ses rénovations lentes mais continuelles, condamne brutalement l'œuvre plagiaire et stérile de tous les sculpteurs de notre temps. Quand donc les sculp-

CUBISTES, FUTURISTES ET PASSÉISTES

teurs comprendront-ils que s'efforcer de construire et de créer avec des éléments égyptiens grecs ou hérités de Michel-Ange, est aussi absurde que de vouloir tirer de l'eau d'une citerne vide au moyen d'un seau défoncé?...

*
* *

« Il ne peut y avoir aucun renouvellement dans un art si on ne renouvelle pas en même temps l'essence de cet art, c'est-à-dire la vision et la conception de la ligne et des masses qui forment l'arabesque. Ce n'est pas en reproduisant seulement les aspects extérieurs de la vie que l'art devient l'expression de son temps; c'est pourquoi la sculpture, telle qu'elle a été comprise par les artistes du siècle passé et d'aujourd'hui, est un monstrueux anachronisme. La sculpture ne pouvait absolument pas faire de progrès dans le domaine étroit qui lui a été assigné par la conception académique du nu. Un art qui a besoin de déshabiller entièrement un homme ou une femme pour commencer sa fonction émotive, est un art mort-né.

« La peinture s'est fortifiée, intensifiée et élargie moyennant le paysage et l'ambiance que les peintres impressionnistes ont fait agir simultanément sur la figure humaine et sur les objets. C'est en prolongeant leur effort que nous avons enrichi la peinture de notre *compénétration des plans*. (Manifeste technique de la Peinture futuriste.) La sculpture trouvera une nouvelle source d'émotion, et par conséquent de style, en élargissant sa plastique dans l'immense domaine que l'esprit humain a sottement considéré jusqu'ici comme le domaine du divisé, de l'impalpable et de l'inexprimable.

« Il faut partir du noyau central de l'objet

que l'on veut créer pour découvrir les nouvelles formes qui le rattachent invisiblement et mathématiquement à *l'infini plastique apparent* et à *l'infini plastique intérieur*. La nouvelle plastique sera donc la traduction par le plâtre, le bronze, le verre, le bois ou toute autre matière, des plans atmosphériques qui lient et intersectent les choses. Ce que j'ai appelé *transcendentalisme physique* (Conférence sur la peinture futuriste au Cercle artistique International de Rome: Mai 1911) pourra rendre plastiques les sympathies et les affinités mystérieuses qui produisent les influences réciproques et formelles des plans des objets.

« La sculpture doit donner la vie aux objets en rendant sensible, systématique et plastique leur prolongement dans l'espace, car personne ne peut plus nier aujourd'hui, qu'un objet continue là où un autre commence et que toutes les choses qui environnent notre corps (bouteille, automobile, maison, arbre, rue,) le tranchent ou le sectionnent en formant une arabesque de courbes et de lignes droites.

« Il y a eu deux tentatives de renouvellement moderne de la sculpture : l'une décorative pour le style, l'autre nettement plastique pour la matière. La première tentative resta anonyme et désordonnée, faute d'un génie technique capable de la coordonner. Elle resta enchaînée aux nécessités économiques de l'édilité et ne produisit que des pièces de sculpture traditionnelle plus ou moins synthétisée décorativement et encadrée des formes architecturales ou décoratives. Tous les palais, toutes les maisons construites avec un goût et des intentions modernes, manifestent cette tentative dans le marbre, le ciment ou dans des plaques métalliques.

CUBISTES, FUTURISTES ET PASSÉISTES

« La seconde tentative, plus sérieuse, plus désintéressée et plus poétique, mais trop isolée et trop fragmentaire, manquait d'un esprit synthétique capable d'affirmer une loi. Car, dans toute œuvre de rénovation, il ne suffit pas de croire avec ferveur, mais il faut en outre déterminer, creuser et imposer la route à suivre. C'est à un sculpteur italien que je fais allusion : au génie de Medardo Rosso, au seul grand sculpteur moderne qui ait essayé d'élargir l'horizon de la sculpture en rendant par la plastique les influences d'un milieu et les invisibles liens atmosphériques qui le rattachent au sujet.

« Constantin Meunier, n'a absolument rien apporté de nouveau dans la sensibilité sculpturale. Ses statues sont presque toujours des fusions puissantes du style héroïque grec et de l'humilité athlétique du débardeur, du matelot et du mineur. Sa conception plastique et constructive de la statue et du bas-relief est encore la construction du Parthénon et du héros classique. Il a néanmoins le très grand mérite d'avoir essayé avant tout autre de diviniser des sujets qu'on avait jusque là méprisés ou abandonnés aux reproductions réalistes.

« Bourdelle manifeste sa personnalité en mettant dans le bloc sculptural une sévérité violente et rageuse de masses abstraitement architectoniques.

« Tempérament passionné, sombre et sincère de chercheur, il ne sait malheureusement pas se délivrer d'une certaine influence archaïque et de l'influence anonyme de tous les tailleurs de pierres des cathédrales gothiques.

« Rodin déploie une agilité intellectuelle plus vaste, qui lui permet de passer avec aisance de l'impressionnisme du *Balzac* à

CUBISTES, FUTURISTES ET PASSÉISTES

l'indécision des *Bourgeois de Calais* et à toutes ses autres œuvres marquées par la lourde influence de Michel-Ange. Il manifeste dans sa sculpture une inspiration inquiète, une puissance lyrique grandiose, qui seraient vraiment modernes si Michel-Ange et Donatello ne les avaient pas manifestées avec des formes presqu'identiques il y a quatre cents ans, et si elles servaient au contraire à animer une réalité complètement recréée.

« On découvre donc dans l'œuvre de ces trois génies les trois influences de trois périodes différentes : influence grecque dans l'œuvre de Meunier, gothique dans l'œuvre de Bourdelle, influence de la Renaissance italienne dans l'œuvre de Rodin.

« L'œuvre de Medardo Rosso est, en revanche, révolutionnaire, très moderne, plus profonde et nécessairement restreinte. Il n'y a guère de héros ni de symboles dans ses œuvres sculpturales mais le plan d'un de ses fronts de femme ou d'enfant propose et indique une délivrance vers l'espace qui aura un jour dans l'histoire de l'esprit humain une importance bien supérieure à celle que lui ont donnée les critiques de notre temps. Les lois fatalement impressionnistes de sa tentative ont malheureusement borné les recherches de Medardo Rosso à une espèce de haut-relief ou de bas-relief; cela prouve qu'il conçoit encore la figure comme un monde isolé, avec une essence traditionnelle et des intentions épisodiques.

« La révolution artistique de Medardo Rosso, bien que très importante, part d'un point de vue trop extérieurement pictural, et néglige absolument le problème d'une nouvelle construction de plans. Son modelage sensuel, qui s'efforce d'imiter la légèreté d'un coup de pinceau impressionniste, donne un beau résultat de sensation vivace et immédiate, mais l'oblige à exécuter trop rapidement d'après nature, et prive son œuvre de tout caractère d'universalité. La révolution artistique de Medardo Rosso a donc les qualités et les défauts de l'impressionnisme en peinture. Nous sommes partis comme lui de cet impressionnisme, mais notre révolution futuriste, tout en le continuant, s'en est éloignée jusqu'au pôle opposé.

« En sculpture aussi bien qu'en peinture, on ne peut rénover si ce n'est en cherchant *le style du mouvement*, c'est-à-dire en rendant systématique et définitif comme synthèse ce que l'impressionnisme a donné d'une façon fragmentaire, accidentelle et par conséquent analytique. Cette systématisation des vibrations de lumière et des compénétrations de plans produira la sculpture futuriste : son caractère sera architectonique, non seulement au point de vue de la construction des masses, mais aussi parce que le bloc sculptural contiendra les éléments architectoniques du milieu sculptural où vit le sujet.

« Naturellement nous donnerons une *sculpture d'ambiance.* Une composition sculpturale futuriste aura en soi les merveilleux éléments mathématiques et géométriques des objets modernes. Ces objets ne seront pas placés tout près de la statue, comme des attributs explicatifs ou des éléments décoratifs détachés, mais suivant les lois d'une nouvelle conception de l'harmonie ils seront encastrés dans les lignes musculaires d'un corps. Nous verrons par exemple la roue d'un moteur sortir de l'aisselle d'un mécanicien, la ligne d'une table trancher la tête d'un homme qui lit, et son livre lui sectionner l'estomac avec l'éventail de ses pages tranchantes.

« Dans la tradition courante de la sculpture

CUBISTES, FUTURISTES ET PASSÉISTES

la statue découpe nettement sa forme sur le fond atmosphérique du milieu où elle se dresse. La peinture futuriste a surpassé cette conception de la continuité rythmique des lignes dans une figure et de son isolement absolu, sans contact avec le fond et avec l'*espace enveloppant* invisible. « La poésie « futuriste — selon le poète Marinetti — « après avoir détruit la prosodie tradition- « nelle et créé le vers libre, abolit aujour- « d'hui la syntaxe et la période latine. La « poésie futuriste est un courant spontané « ininterrompu d'analogies dont chacune est « résumée intuitivement dans son substantif « essentiel. D'où l'*imagination sans fil et* « *les mots en liberté.* » « La musique « futuriste de Balilla Pratella détruit la « tyrannie chronométrique du rythme. »

« Pourquoi donc la sculpture devrait-elle rester entravée par des lois qui n'ont aucune raison d'être? Brisons-les donc crânement et proclamons *l'abolition complète de la ligne finie et de la statue fermée. Ouvrons la figure comme une fenêtre et enfermons en elle le milieu où elle vit.* Proclamons que le milieu doit faire partie du bloc plastique comme un monde spécial régi par ses propres lois. Proclamons que le trottoir peut grimper sur votre table, que votre tête peut traverser la rue, et qu'en même temps votre lampe familière peut suspendre d'une maison à l'autre l'immense toile d'araignée de ses rayons de craie.

« Proclamons que tout le monde apparent doit se précipiter sur nous, s'amalgamant à nous, en créant une harmonie qui ne sera gouvernée que par l'intuition créatrice. Une jambe, un bras ou un objet quelconque n'ayant que l'importance d'un élément du rythme plastique, peuvent aisément être

CUBISTES, FUTURISTES ET PASSÉISTES

abolis dans la sculpture futuriste, non pour imiter un fragment grec ou romain, mais pour obéir à l'harmonie que le sculpteur veut créer. Un ensemble sculptural aussi bien qu'un tableau ne peut ressembler qu'à lui-même, parce que la figure humaine et les objets doivent vivre en art en dehors et en dépit de toute logique physionomique.

« Une figure peut avoir un bras habillé et tout le reste nu. Les différentes lignes d'un vase de fleurs peuvent se poursuivre avec agilité en se mêlant aux lignes du chapeau et à celles du cou.

« Des plans transparents de verre ou de celluloïd, des lames de métal, des fils, des lumières électriques intérieures ou extérieures pourront indiquer les plans, les tendances, les tons et les demi-tons d'une réalité. De même, une nouvelle coloration intuitive de blanc, de gris et de noir, peut augmenter la force émotive des plans, tandis qu'un plan coloré peut accentuer violemment la signification abstraite d'une valeur plastique.

« Ce que nous avons dit sur les *lignes-forces* en peinture (Préface-manifeste du Catalogue de la première Exposition Futuriste de Paris) s'applique également à la sculpture. En effet, nous donnerons la vie à la ligne musculaire statique en la fondant avec la ligne-force dynamique. Ce sera presque toujours la ligne droite, qui est la seule ligne correspondant à la simplicité intérieure de la synthèse que nous opposons à l'extériorité baroque de l'analyse. La ligne droite pourtant, ne nous entraînera pas à l'imitation des Égyptiens, des Primitifs ou des sauvages, en suivant l'exemple absurde de quelques sculpteurs modernes qui se sont efforcés ainsi à se délivrer de l'influence grecque. Notre ligne droite sera

CUBISTES, FUTURISTES ET PASSÉISTES

vive et palpitante; elle se prêtera aux exigences des innombrables expressions de la matière et sa sévérité fondamentale et nue exprimera la sévérité de l'acier qui caractérise les lignes du machiniste moderne. Nous pouvons enfin affirmer que le sculpteur ne doit reculer devant aucun moyen pour obtenir une *réalité*. Rien n'est plus sot que de craindre de sortir de l'art que nous exerçons. Il n'y a ni peinture, ni sculpture, ni musique, ni poésie. Il n'y a de vrai que la création. Par conséquent, si une composition sculpturale a besoin d'un rythme spécial de mouvement pour augmenter ou contraster le rythme arrêté de *l'ensemble sculptural* (nécessité de l'œuvre d'art) on pourra lui appliquer un petit moteur qui donnera un mouvement rythmique adapté à tel plan et à telle ligne.

« Il ne faut pas oublier que le tic tac et le mouvement des aiguilles d'une horloge, l'entrée ou la sortie d'un piston dans un cylindre, l'engrenage tour à tour ouvert et fermé de deux roues dentées, avec l'apparition et la disparition continuelles de leurs petits rectangles d'acier, la rage folle d'un volant, le tourbillon d'une hélice, sont autant d'éléments plastiques et picturaux dont l'œuvre sculpture futuriste doit se servir. Par exemple : une soupape qui s'ouvre et se referme crée un rythme aussi beau mais infiniment plus nouveau que celui d'une paupière animale. »

*
* *

Des *Conclusions* résumaient enfin nettement les exigences suivantes de la sculpture futuriste :

« 1° La sculpture se propose la reconstruction abstraite et non la valeur figurative

CUBISTES, FUTURISTES ET PASSÉISTES

des plans et des volumes qui déterminent les formes.

« 2° Il faut *abolir en sculpture*, comme dans tout autre art, le *sublime traditionnel des sujets*.

« 3° La sculpture ne peut pas avoir pour but une reconstruction réaliste épisodique. Elle doit se servir absolument de toutes les réalités pour reconquérir les éléments essentiels de la sensibilité plastique. Par conséquent le sculpteur futuriste percevant les corps et leurs parties comme des *zones plastiques*, introduira dans la composition sculpturale des plans de bois ou de métal, immobiles ou mis en mouvement, pour donner un objet; des formes sphériques poilues pour donner des cheveux; des demi-cercles de verre, s'il s'agit par exemple d'un vase; des fils de fer ou des treillis pour indiquer un plan atmosphérique, etc., etc.

« 4° Il faut détruire la prétendue noblesse, toute littéraire et traditionnelle, du marbre et du bronze et nier carrément que l'on doive se servir exclusivement d'une seule matière pour un ensemble sculptural. Le sculpteur peut se servir de vingt matières différentes, ou davantage, dans une seule œuvre, pourvu que l'émotion plastique l'exige. Voici une petite partie de ce choix de matières : verre, bois, carton, ciment béton, crin, cuir, étoffes, miroirs, lumière électrique, etc.

« 5° Il faut proclamer à haute voix que dans l'intersection des plans d'un livre et les angles d'une table, dans les lignes droites d'une allumette, dans le châssis d'une fenêtre, il y a bien plus de vérité que dans tous les enchevêtrements de muscles, dans tous les seins et dans toutes les cuisses de héros et de Vénus qui enthousiasment

CUBISTES, FUTURISTES ET PASSÉISTES

l'incurable sottise des sculpteurs contemporains.

« 6° C'est uniquement par un choix de sujets très modernes que l'on parviendra à la découverte de *nouvelles idées plastiques*.

« 7° La ligne droite est le seul moyen qui puisse nous conduire à la virginité primitive d'une nouvelle construction architectonique de masses et de zones sculpturales.

« 8° Il ne peut y avoir de renouvellement qu'en faisant *la sculpture de milieu ou d'ambiance*, car c'est ainsi seulement que la plastique se développera en se prolongeant dans l'espace pour le modeler. C'est pourquoi le sculpteur futuriste peut enfin aujourd'hui *modeler l'atmosphère* qui environne les choses, au moyen de la glaise.

« 9° Ce que le sculpteur futuriste crée est en quelque sorte le pont idéal qui unit l'*infini plastique extérieur* à l'*infini plastique intérieur.* C'est pourquoi les objets ne finissent jamais; ils s'intersectent avec d'innombrables combinaisons de sympathie et d'innombrables chocs d'aversion. L'émotion du spectateur occupera le centre de l'œuvre sculpturale.

« 10° Il faut détruire le nu systématique et la conception traditionnelle de la statue et du monument.

« 11° Il faut enfin refuser à tout prix les commandes à sujet fixe, et qui par conséquent ne peuvent contenir une pure construction d'éléments plastiques complètement rénovés. »

ÉMILE BOURDELLE

M. Émile Bourdelle a fait de la sculpture expressive, frémissante, par un modelé très tourmenté, qui, tout en situant les plans, cherchait la couleur. Il a fait de cette vivante manière des bustes, des statues, tout ce que son extrême fécondité lui a permis de créer.

Puis tout cela même ne l'occupant pas absolument, il a peint, il a dessiné; il a cherché de beaux mouvements par l'aquarelle et par le pastel.

Nul n'a plus écouté que lui toutes les voix de la Sculpture. Il a été longtemps un disciple fervent de tous les grands Enseignements. Les Égyptiens, les Grecs, les Gothiques et Rodin ont été, à tour de rôle, ses maîtres. Nul disciple, je le répète, plus discipliné — qui n'avait qu'une haine : ce qu'il appelle encore « l'esprit d'école, l'esprit de Rome » !

Mais aussi un obstiné travailleur ! Ainsi, en une seule année, prise au hasard, au Salon d'automne de 1905, voici son envoi : *La petite Suzanne* (peinture); *Une fillette des Arbres* (peinture); *Iphigénie* (pastel); *Portrait de Mme M. Lemaire* (pastel); *Pénombre* (pastel); *Portrait de mon fils Pierre* (pastel); *Portrait de ma petite belle-sœur* (sculpture); *Les Bas-reliefs des combattants* (bronze cire perdue); *Torse de Pallas* (bronze cire perdue); *Buste de Bébé endormi* (bronze cire perdue); *Drame intime* (buste bronze cire perdue); *La Prière*.

(bronze cire perdue); *Jeune fille* (bronze cire perdue); *Héraklès* (buste bronze cire perdue).

Visitez ses ateliers de l'impasse du Maine; vous verrez que toutes les inquiétudes l'ont assailli; qu'il n'a jamais cru à une « manière », qui vous dispense, si aisément ensuite, de toute imagination.

Je fais gloire à M. Émile Bourdelle de vivre pleinement avec son temps. A-t-il été réaliste, symboliste, synthétiste, tour à tour, je ne sais? Mais il est arrivé maintenant à posséder un haut style qui lui a permis de créer la décoration sculpturale du théâtre de l'avenue Montaigne.

Et ces formes humaines, vous remarquez comment « elles naissent au mur — ainsi qu'il le dit lui-même — et l'épousent ». Le modelé, ici, n'a plus de détails; il est tout en plans synthétiques; il pare le mur et ne le troue pas. Fleuri de son beau talent, M. Émile Bourdelle doit regretter plus que n'importe quel sculpteur qu'il n'y ait plus d'architecture au temps présent. Car, s'il suffit pour sa renommée qu'il ait sculpté le fronton et les hauts-reliefs du théâtre Montaigne — il ne peut vraiment satisfaire toutes ses forces et toute son intelligence en reprenant quelques-unes des « statuettes » qui l'ont acheminé vers cette œuvre enviable.

R. CARABIN

Ses figurines.

Elles comptent à l'égal de toutes ses autres œuvres : meubles et grandes figures, et elles forment aujourd'hui une collection de « bibelots » précieux.

Dès 1884, au premier jour de la Société des Artistes indépendants, son amour de la forme vivante, pittoresque, lui fait créer ces originales statuettes où tout, dans un amalgame attirant et inattendu, est force, souplesse, équilibre.

Danseuses d'Opéra et nudités de femmes,

lutteurs et danseurs populaires, la passionnante petite épopée humaine représentée par ces figurines, si allègrement dessinée, modelée, émerveille et en raconte long à qui sait la comprendre.

Aimée de Carabin, la danseuse vole, s'arrête sur une pointe, les bras arrondis, le sein haletant. Délicieux animal qui sait toute la mesure de son effort! Le corps est en équilibre sans artifice! Il est saisi dans cet instant fugitif où, tout à l'heure, dans une seconde, il sera un mouvement bondissant, un alerte tournoiement de toupie, de la joie de muscles exercés et souples. Le visage est grave, un peu vulgaire parfois; il n'a pas voulu être le visage d'un bibelot d'étagère; il est le visage d'une fillette appliquée à des géométries compliquées. Il n'est pas de trop maintenant qu'elle soit réfléchie et attentionnée.

CUBISTES, FUTURISTES ET PASSÉISTES

Des danseurs bretons sont, eux aussi, sérieux et graves. Ils dansent pesamment, de tout le poids de leur corps, de tous leurs sabots lourds. Ils se font des grâces, hommes et femmes, mais avec des mines de jeunes ours; ils ne rient pas, ils sont bien trop pris par les difficultés de la danse.

Il y a quelques années, vinrent à Paris de singuliers danseurs et danseuses que le mime Séverin était allé chercher en Espagne. Sur eux, on daigna publier quelques louanges. Carabin les vit et il fit, d'après eux, d'imprévues figurines. Mouvements de chat rampant, mouvements de singe quelquefois « hardi », toute la saveur de contorsions presque épileptiques l'enchantèrent; il exprima tous les remuements des croupes, tous les balancements saccadés des bras, tous les visages qui frémissaient au bruit sec des castagnettes.

Mais ce sont des figurines encore, ces « nus » qu'il penche sur des eaux courantes, ces baguiers, ces drageoirs, ces encriers, toute la collection qu'il forme avec ces nus si décoratifs.

Ces figurines, d'aucuns les voudraient plus « jolies », un peu maniérées peut-être ; mais ainsi elles perdraient toute leur originalité, celle que révèle tout de suite et toujours Carabin dès qu'on s'approche de ses œuvres, dès qu'on s'apprête à considérer le savant métier de leur origine.

Esprit tourmenté, toujours ivre de nouveauté, Carabin s'est fait potier, orfèvre, chimiste et même alchimiste, pour parfaire ses figurines. Il a employé souvent tous oxydes pour obtenir des colorations inattendues ; et ses patines ne sont pas, pour nous, la moindre curiosité.

Pour lui, l'attrait, c'est tout ce qui marche,

court ou rampe en inflexions câlines et voluptueuses (voyez les chats tant aimés par lui).

Danseuses de ballet et danseuses excentriques, il a tenu surtout, on peut le redire, à fixer vos mouvements alertes et bondissants, lents et caressants. Il a immortalisé dans le bronze et dans l'argent l'extraordinaire brebis que fut la danseuse Otero; il a aussi, ce qui était presque impossible, fixé tous les mouvements de la danse tourbillonnante et papillonnante de la Loïe Fuller; et il a égalé à tout cela son groupe célèbre de la *Posada*, ce groupe de gitanes mises en branle et accélérant du claquement des castagnettes la hâte de leurs pieds vifs.

Médailleur, orfèvre, Carabin a accompli encore d'autres miracles. Certains de ses bijoux émanent de quelque sorcier aux doigts mystérieusement agiles. On conçoit avec peine comment il a pu exécuter ces parfaites œuvres, d'une fragilité aussi excessive, d'une finesse aussi improbable.

Et tout cela demeure si profondément personnel que l'on s'étonne. Dans ses bagues les plus fines, on retrouve le sens de son beau « modelé », robuste et coloré. Les « nus » qui serpentent autour d'un étroit anneau, valent, figurines précieuses, les « nus » qu'il façonne dans le bois. Aucune difficulté ne met en péril sa science et son inspiration. Les bijoux font nombre, chez lui, comme font nombre les autres œuvres ; — mais, de peine, il semble n'en avoir jamais.

Ces œuvres, frêles ou robustes, témoignent toutes d'un esprit singulièrement libre et amoureux de la vie. Et Carabin aime tellement la vie, à travers son tempérament, j'entends, qu'il ne se spécialise pas. Partout, comme un esprit ivre de mouvement, il rôde et fixe un sujet de joie ou de tristesse, au bal,

CUBISTES, FUTURISTES ET PASSÉISTES

dans la rue, à Paris ou hors Paris. Il « promène » tout son rêve avec lui, même dans ses vagabondages; et partout il travaille, parce qu'il souffrirait trop de voir ses doigts inoccupés.

Il a l'entrain solide de l'ouvrier régulier. Il accomplit sa tâche, quotidiennement. Il dessine, il excite sa rêverie ou il modèle. Ses dessins, autres figurines en noir et blanc, sont « ses dessins à lui », sont « les dessins de sa sculpture ». Qui les voit en est convaincu. Ce sont les mêmes figurines robustes, souples, en admirable équilibre.

Dans les Salons, les figurines de Carabin tentent les kleptomanes. Les connaisseurs voudraient, eux aussi, faire main basse sur ces beaux petits poèmes de la Statuaire.

On les considère longuement, en songeant combien il serait doux de les emporter chez soi, de les « polir » lentement, tous les doigts sur toutes les formes. On considère et l'on admire sans réserve ces originales statuettes qui vous induisent en mauvaise tentation de rapt.

Carabin affectionne le « nu », au point que quelques esprits timorés ont osé qualifier de licencieuses certaines de ses figurines. Parce qu'il nous révèle des seins, des croupes, des ventres audacieusement vivants, quelques-uns ont maintes fois crié au scandale. Son « naturalisme », c'est la vie même, robuste et libre en son outrance. Si des croupes de femmes certaines fois s'érigent, jaillissantes, il faut se dire que son horreur de la banalité et des conventions l'a, tout droit, conduit à ces « audaces ». L'amour du mouvement, de la vie surprise dans toutes ses minutes de mouvement, est la seule cause de toutes les hardiesses dont certains lui font grief.

CUBISTES, FUTURISTES ET PASSÉISTES

Carabin a exécuté ses figurines en toutes matières : grès, cuivre, bois, bronze, argent, etc. Le marbre, seul, n'a pour lui aucun attrait. Il dédaigne cette pierre à l'aspect un peu savonneux, et qui ne vaut vraiment que par la patine du temps. Pour modeler ses figurines, il emploie la cire rouge, et il travaille avec une célérité incroyable.

Au résumé, Carabin est si divers, si vivant, si original, qu'il demeure sans imitateurs possibles. Ses œuvres, pour le plus inattentif, n'ont besoin, je le répète, d'aucune signature effective. Elles se révèlent du premier coup. Au-dessus du fatras de l'« art » dit nouveau, sot désordre d'arabesques et de grotesques, elles se singularisent si nettement qu'il n'y a aucune équivoque. Quand il s'y trouve quelque « bizarrerie » (notre esprit est si paresseux à concevoir ce qui est en dehors de l'ordre routinier des choses), un torse de femme nous dit l'excellent ouvrier et tout naturellement notre plaisir lui est acquis.

Si un instant l'on veut songer surtout à la rude vie que dut mener parfois Carabin, on ne peut qu'être surpris de cette production toujours heureuse et triomphante. L'homme a pu souffrir, mais l'œuvre est d'une belle venue abondante. On devine que c'est avec un entier contentement des doigts que Carabin caresse la matière, qu'il la modèle et la polit. Si quelquefois il la violente, il ne cesse pas de l'aimer; il en exprime toutes les nuances, il la veut toujours, pour toute fin, désirable et désirée.

Regardez attentivement ses œuvres, et vous verrez cette passion matérialisée dans le grain, dans la fermeté du bois, du bronze ou du grès; vous vous direz qu'un étrange artiste amoureux, plus ardemment

CUBISTES, FUTURISTES ET PASSÉISTES

épris que Pygmalion, caressant et volontaire, a vraiment *possédé* l'œuvre, l'a voulue plus belle que toute créature humaine, pour que son grand amour fût durable, et que nou fussions tous épris d'elle nous aussi. Ah! la caresse des doigts, ce besoin de toucher le modelé, d'étreindre les formes, combien sont-ils les sculpteurs qui nous donnent cette excitation, qui nous font pour un instant, des mains ultra-sensibles et convoiteuses?

Je comprends moins les imitateurs qui n'ont pas manqué de se multiplier du jour où une section dite d' « objets d'art » fut instituée auprès des Salons annuels. De ce jour, les statuettes et les figurines les plus baroques naquirent pour la plus vive confusion des connaisseurs. On vit bientôt, et en nombre, de si indigentes petites choses que l'on se demanda quel mauvais génie avait poussé des « organisateurs » à décréter l'entrée de ces déchets de marbre, de bronze ou d'ivoire. La sculpture n'avait déjà plus tellement l'amour de l'énorme ; il était bien inutile de la ravaler à la production de boîtes d'allumettes d'art ou d'encriers modern-style. Car l'imitation des figurines de Carabin a créé ceci : un vaste amour des pauvres petits sujets dont on ne peut même pas faire des presse-papiers.

Alors à quoi bon cet effort exaspéré vers une inutile et basse production ?

Il est vrai qu'un Salon, par définition, doit être encombré et puéril !

F. DURRIO

Son *Monument au musicien Arriaga*, qu'il prépare pour la ville de Bilbao, il faut qu'on le situe dans une vaste plaine, loin des arbres; ainsi s'en ordonnera toute la majesté superbe.

On pouvait espérer de Durrio un tel exploit. Le méditatif sculpteur, qui a fait de la solitude sa plus chère amie, vient de retarder pour longtemps le krach des hommages posthumes.

Quand on songera à l'indigence des monuments funéraires; quand on sera écrasé par les pesants blocs de la sottise commémorative, le *Monument Arriaga* s'offrira comme le phare de tous les espoirs; hélas! par contre-coup, je le sais bien, il déterminera aussi toutes les municipalités et tous les groupements à de méprisables inaugurations!

N'importe! N'abolissons point tout à fait la coutume des statues, puisque, cette fois, nous aurons un chef-d'œuvre, qui ne représentera enfin ni l'effigie d'Arriaga, ni son buste, ni même son médaillon.

Quelle impardonnable aberration, n'est-ce pas? Une fontaine, une statue de la Musique, des masques qui rêvent d'éternité; alors qu'un piano ou une harpe s'indiquaient, et le musicien devant, comme dans une grande ville de France, on voit un chevalet sculpté en pierre dans un monument à un peintre de rigodons!

Durrio a exécuté avec une vive ténacité

cet hommage à Arriaga. Il s'y est préparé par de patients travaux, par une cohabitation avec les génies du silence, et le Diable sait si les gnomes de l'invisible doivent hanter son atelier tassé dans les décombres de l'impasse Girardon !

Potier, sorcier, combien de temps va-t-il lutter encore contre les odieux immeubles qui commencent à s'étaler lourdement sur la Butte ? Combien de temps encore va-t-il défendre son coin claustral où il ne demande que la paix, une farouche paix, celle que l'on avait si bien accordée — dans une effroyable entente ! — à son ami Gauguin ?

Mais il ne veut pas croire, lui, à l'envahissement continu de la pierre et du locatis. Il construit avec une religieuse ferveur un four perfectionné, où il cuira, où il cuira mieux encore, affirme-t-il, ses étranges grès, ses porcelaines quasi animées et ses faïences, on peut l'assurer, uniques. Je n'ai pas voulu le contredire, tandis qu'il me racontait ses rêves; mais, tout autour de son abri, la Ville monte et charroie ses meulières.

Son abri! Parmi ses oiseaux et ses chats, c'est là qu'il crée les plus singuliers bijoux, les plus beaux depuis les temps les plus ingénieux; et si graves et si hautains par tous ces visages d'une douleur résignée, réfugiés sous de longs bras aux mains tendrement compatissantes!

C'est là aussi que j'ai vu, à côté des délicates œuvres du verrier Sala — et à côté de tant de témoignages du génie de Gauguin — ses bas-reliefs, dont un entre autres intitulé *Paysans basques*, imposa le succès, il y a une douzaine d'années, du « Collège d'esthétique moderne », fondé par M. Maurice Le Blond.

Ce dernier, aujourd'hui fonctionnaire à

CUBISTES, FUTURISTES ET PASSÉISTES

palmes, les jours de gala de la République, admire-t-il encore, comme nous l'admirons, nous, Durrio, le maître incontesté des gnomes et des dolents Visages des Résignés ?

Je lui recommande Durrio, pour effacer la honte des monuments soumis à son approbation.

ERNESTO DE FIORI

M. Gustave Kahn, présentant quelques œuvres sculpturales de Mme Hanna Koschinsky, a écrit — de la manière la plus justifiée — les lignes suivantes :

« La sculpture est un art si vaste que les tendances les plus opposées y peuvent coexister. On a beaucoup cité Théophile Gautier parce qu'il a dit que le buste survit à la cité et que la médaille brave les grandes catastrophes ; et il en est résulté une nombreuse et précise louange de la glyptique, et aussi de la statuette invulnérable dont le bronze intact surgit des fouilles parmi les grands palais éboulés, vides de leurs statues mutilées. De là provient la gloire non point du petit art, mais d'un art à proportions restreintes ; dans ces productions de format exigu, si tous les volumes existent, si l'équilibre de ces volumes est trouvé, l'œuvre d'art est réalisée, et les praticiens, dit-on, n'ont qu'à la grandir.

« C'est vrai (continue M. Gustave Kahn), mais cela n'empêche point que des ruines majestueuses aient étalé la survie de frises gigantesques, ni que des colosses de pierre se dressent dans les sables, ni qu'une impression profonde se dégage des hauts-reliefs barbares où des profils de despotes farouches s'achèvent en tigres ailés, ni que s'impose la beauté statique et méditative de ces Égyptiens qui, les mains sur les genoux, rêvent d'éternité et font rêver de pérennité !

ERNESTO DE FIORI

« Deux désirs légitimes partagent actuellement les sculpteurs : Chez les uns, il s'agit de donner tout le modelé, tout le mouvement, tout le caprice, tout le frémissement de la vie, de réaliser le marbre qui se fait chair, d'arriver par l'analyse au mouvement le plus juste et le plus plausible, d'émerveiller par un triomphe sur la matière, y fixer une attitude et l'isoler dans la lumière. Chez les autres, il s'agit, par la synthèse, de figurer l'ensemble d'un être, et surtout son essence, de le débarrasser de tout ce qu'il a d'éphémère, de transitoire, d'appris, de contemporain, pour que l'image, au lieu de rappeler les songes gracieux d'un Houdon, corresponde à ces graves attitudes d'un passé qui se mirait au poli du granit et lui arrachait des portraits de sages et des statues de dieux.

« Quelle est (conclut M. Gustave Kahn)

CUBISTES, FUTURISTES ET PASSÉISTES

la plus vraie de ces deux voies ? Quelle est la plus méritoire de ces deux initiatives ? Quelle est la plus juste de ces deux préférences ? Qui a raison de Bourdelle ou de Desbois ? Il semble que chez l'artiste, comme chez le critique ou le curieux d'art, le choix est dicté plus encore par le tempérament personnel que par le raisonnement. La grâce et le modelé sont de belles qualités ; — la disposition majestueuse des masses est un grand mérite. »

M. Ernesto de Fiori, lui, se tient, nous semble-t-il, entre le modelé vivant, frémissant, abondant en exacts détails — et le modelé par plans plus simples, celui qui convient le mieux, peut-être, à l'architecture — quand il y a une architecture !

M. Ernesto de Fiori, en effet, ne sacrifie rien à la grâce exclusive et au charme absolu ; mais il n'offre pas, non plus, une sérénité grave et majestueuse. Venu à la sculpture, depuis trois ans environ, après avoir été peintre, il paraît avoir été impressionné par la majesté de la Statuaire ; mais il n'a pas voulu quand même oublier d'un seul coup toutes les séductions de la Peinture ; et c'est cette volonté, encore imprégnée de grâce, qui pare ses statues d'un charme attardé, qui en est, peut-être, l'équitable caractéristique.

GEORGES LACOMBE

M. Georges Lacombe est un esprit touche à tout. Il est peintre et sculpteur, et tapissier, et costumier.

Comme il passe presque tout son temps à Radon, dans le département de l'Orne, il en profite pour peindre des paysages très parfumés, d'une solide construction rustique. Mais je ne veux ici parler que du sculpteur.

Sans doute, il modèle comme tout le monde des portraits qu'il fait ensuite reproduire en bronze : mais le bois est la matière qu'il affectionne le plus. Et, en bon bûcheron

GEORGES LACOMBE

qu'il est, il aime tous les bois : les bois de notre pays et aussi les bois exotiques, même les plus durs à l'outil.

Bustes, statuettes, statues, bas et hauts-reliefs, meubles, il a tout exécuté. Aux premiers jours, il eut une naïveté qui fit merveille dans des représentations de scènes populaires et champêtres. Attentif à contempler, par exemple, des danses bretonnes ou des lavandières, il réalisa des petits panneaux empreints de la plus vive sensibilité. Il suivit aussi les semeurs, les porteurs de bois ; et toujours sa sculpture sut rester émouvante et pittoresque.

Un jour, il se délassa même en taillant des marionnettes pour le guignol de Paul Ranson ; et il sut construire des têtes amusantes, de drôlatiques et grotesques effigies qui reproduisaient entre autres les faces de *Trou-Trou*, le député nationaliste ; de *Bérengère de Percefort* — et d'une mémorable bonne, une *Rosalie* aux cheveux tirés, étirés en calotte de brioche !

Mais il y a surtout ici un puissant sculpteur sur bois qui, ainsi que l'a dit M. Jean Vignaud, « a réussi ce miracle d'être à l'aube du vingtième siècle un imagier attardé du moyen âge ».

Et M. Georges Lacombe a été cet imagier-là, dans une complète insouciance du succès. Par grâce, fort aisé, il a pu consacrer tout son temps et toute sa joie à tailler de grandes œuvres: un Christ, une Madeleine, et de nombreuses statues. Il a aussi sculpté avec un entier ravissement je ne sais combien de bustes d'hommes et de femmes; des bustes expressifs, vivants, passionnés, parmi lesquels ceux d'Antoine, l'actuel Directeur du Théâtre de l'Odéon, et de Pierre Bonnard, furent si exaltés.

GEORGES LACOMBE

M. Jean Vignaud, dont je citais quelques justes mots tout à l'heure, nous a donné les plus précieux renseignements sur M. Georges Lacombe et sur une de ses premières œuvres : un lit presque historique, qui fut exposé avec bien d'autres œuvres révolutionnaires, dans la galerie Vollard. Il convient de reproduire en partie ce persuasif article qui fut publié dans *l'Art et les Artistes*, l'unique belle Revue que dirige M. Armand Dayot :

« L'art du sculpteur sur bois (écrivait alors M. Jean Vignaud) est presque perdu de nos jours, et c'est grand dommage si l'on songe aux merveilles que renferment nos musées et nos églises. Que l'on se rappelle les stalles du chœur de la cathédrale de Chartres et son banc d'œuvre, avec leurs décorations si fouillées et si larges à la fois, que, sans songer à la gloire passagère, des artisans inconnus ornèrent pieusement. Mais existe-t-il encore des artistes qui travaillent sans profit personnel, pour la seule satisfaction d'œuvrer? Si cet art du bois est à peu près perdu de nos jours, ou tombé dans l'industrie, c'est que l'amateur n'achète pas de statuettes de chêne ou d'érable; il lui faut du marbre, du bronze ou de l'argent massif; le bois lui semble une matière vile et presque méprisable.

« Pourtant, si nous en croyons Georges Lacombe, il y a avec le bois, entre la matière et l'artiste, une lutte toujours nouvelle et sans cesse renaissante qui charme par l'angoisse même qu'elle fait naître. C'est que, à chaque instant, la nature vivante se rebelle contre l'outil. Ouvrez à la gouge une bûche soi-disant morte depuis plusieurs siècles, vous ne serez pas certain qu'elle ne se mette à jouer, à jouir des sucs de l'air. Et puis, autant de bois, autant de fils, autant de densités qui exigent des prudences toujours nouvelles et empêchent que le métier devienne jamais machinal. Car les hasards de la composition peuvent placer, lorsqu'il s'agit d'un portrait, une partie spécialement délicate, œil, lèvre ou narine, en des contre-fils particulièrement rebelles à l'outil et toujours prêts à éclater. De plus, il faut compter avec les différentes essences de bois, aussi les surprises sont nombreuses; elles rendent ce combat de l'artiste passionnant.

« J'ai vu travailler Georges Lacombe : il dégrossit le bois non à l'aide du tour, mais avec la hache; quelle audace et quelle prudence sont en même temps nécessaires! Et c'est avec la gouge, le fermoir et le burin qu'il copie son modèle, compose son sujet, achève et parfait ses œuvres.

« Celles-ci sont déjà nombreuses et je vou-

CUBISTES, FUTURISTES ET PASSÉISTES

drais vous en montrer la prodigieuse diversité. Nous croyons trop aisément que la matière décorative du bois, si souple et si riche, doit être avant tout employée dans l'ornementation d'église. Ce fut là jusqu'à nos jours son emploi le plus fréquent; mais le bois peut exprimer la beauté, la grâce le mouvement tout comme le marbre, la terre cuite ou les métaux précieux. C'est ce but qu'a poursuivi Georges Lacombe avec une robuste originalité et un rare bonheur. L'une de ses premières œuvres, qui compte encore aujourd'hui parmi les plus importantes, est la décoration d'un lit en noyer; l'artiste a présenté le lit comme le berceau et le sanctuaire funèbre de la race; c'est là qu'elle naît et c'est là qu'elle meurt. Il s'est ingénié à dérouler sur les quatre panneaux toute la vie de l'humanité et je ne connais pas de poème plus émouvant. Sur l'un, c'est la genèse, une sorte d'être hybride que forment des serpents enroulés et qui résume à peu près notre ignorance sur l'origine du monde, car l'artiste a mêlé nos pauvres connaissances scientifiques à nos croyances religieuses. Sur le second panneau, deux êtres robustes et jeunes s'enivrent de leur amour; avec le troisième panneau nous assistons à la naissance d'un enfant, et là encore l'artiste, dédaignant les mythes, a traité d'une manière admirable, dans le style décoratif, une scène d'hôpital. La face exsangue douloureuse de la mère, la tête pensive du médecin, l'attitude de la sœur de charité, appelant sur le nouveau-né la bénédiction du ciel, tout y est; c'est la gravité, la suavité des gestes qui sauvent une conception que tant d'artistes auraient rendue brutale, presque offensante. Le quatrième panneau égale en beauté les trois autres; nous assistons à la mort d'un des époux dans ce lit même où toute la race fut conçue. C'est l'homme qui part le premier ; son maigre corps repose et son visage, si beau naguère, est décharné par les ans ; la femme, la vieille et fidèle compagne, tient, malgré sa douleur, à rendre à son mari les derniers soins funèbres. Elle a passé l'une de ses mains sous la nuque et, de l'autre, elle étend sur le mort le drap funéraire : *Sancta simplicitas !* »

Ce que M. Jean Vignaud n'a pas voulu ajouter, c'est que ce lit si gravement humain, si fortement chaste, fut jugé... immoral ! Oui, par un actuel président de Salon qui entra chez Vollard pour exiger l'enlèvement de l'œuvre qui avait mérité son courroux ! O sainte Bêtise !

MANOLO

Il est incontestable que certains toréadors ont une physionomie sympathique. Il en est d'eux comme des autres hommes : il y en a de stupides et il y en a d'éveillés. Généralement, cependant, l'habitude de « travailler » en public — et surtout devant les femmes — leur donne inévitablement un air de suffisance parfaitement niais et odieux. Les chefs d'orchestre, les lutteurs, les conférenciers, les aviateurs, les acteurs, n'échappent point, eux aussi, à cette tyrannie du démon de la fatuité ; mais,

CUBISTES, FUTURISTES ET PASSÉISTES

bien entendu, les toréadors peuvent compter, avec les forts ténors, parmi ceux qui accaparent le plus en un instant, dans une arène ou dans une salle de spectacle, toute l'attention féminine et toute sa sottise.

Les clowns et les paillasses n'ont point le même succès, parce que simplement ils sont, de par leur rôle, très laids. A eux, il n'est pas permis, en effet, de se présenter, les cheveux ondulés, les yeux « habillés » de rimmel. Ils sont donc laids : et les femmes s'en détournent.

Manolo, dans la sculpture ci-contre, a très originalement saisi la bêtise de la plupart des toréadors. Cette face ronde, niaise, qualifie ces cabots prétentieux qui taxent à prix d'or la mise à mort — souvent ratée ! — d'un taureau épuisé, fourbu, et sans défense.

Cette sculpture est, à sa façon, un juste

plaidoyer en faveur des chevaux étripés, pour la plus grande gloire de toutes les Espagnes !

Mais Manolo, on le devine, a sculpté ou modelé bien d'autres intéressants spécimens de la grave et joyeuse humanité !

Depuis quatre ou cinq ans, il vit à Céret, la petite ville illustrée par les Cubistes.

Pourtant, Manolo, tout en étant l'ami de ces derniers, leur fit une guerre acharnée, taxant leurs prouesses d'indécrottables jobarderies. Manolo, en effet, adore les « grands classiques » : et il prétend que « tout est contenu en eux. »

Esthéticien, ardent causeur, il obligea vite Picasso et ses acolytes à décamper. La succursale du *Lapin agile* que ces messieurs, aidés de quelques Polonais, avaient constituée dans la charmante petite ville des cerisiers, ne convenait nullement à Manolo, qui entendait rester désormais isolé.

Il a bien assez, répète-t-il, de *sa* peur : oui ! la peur de la tramontane, ce sacré vent des montagnes qui secoue parfois les maisons et les habitants de Céret, comme Picasso secoue l'art, l'art des « constructions pour lardons », — puisque ce caméléon de la Peinture en est actuellement, à cette phase-là !

TABLE

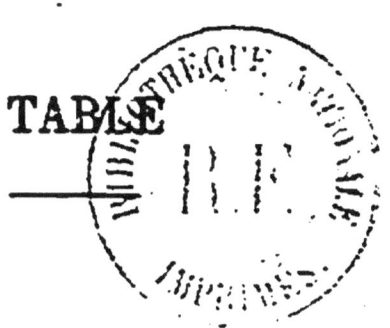

	Pages.
Quelques mots	1

LA JEUNE PEINTURE

Mme Georgette Agutte	3
Pierre Bonnard	8
Maurice Denis	13
André Derain	16
George Desvallières	18
Dongen (Kees Van)	23
Georges Dufrénoy	33
Geo Dupuis	36
James Ensor	41
Jules Flandrin	57
Othon Friesz	60
Les peintres Futuristes	63
Pierre Girieud	95
Charles Guérin	99
Henri-Matisse	102
Hermann-Paul	112

CUBISTES, FUTURISTES ET PASSÉISTES

	Pages.
F. Iturrino	116
Jean-Joveneau	121
Lucien Laforge	124
Pierre Laprade	130
Marie Laurencin	133
Henri Manguin	136
Albert Marquet	139
Mme Marval	142
Pablo Picasso	145
Jean Puy	151
Georges Rouault	156
K.-X. Roussel	161
Paul Signac	166
Sunyer	172
Les Synchromistes	177
Maurice Utrillo	188
Félix Vallotton	192
Maurice de Vlaminck	196
Édouard Vuillard	200

LA JEUNE SCULPTURE

Boccioni	205
Émile Bourdelle	238
R. Carabin	242
F. Durrio	254
Ernesto de Fiori	259
Georges Lacombe	264
Manolo	273

3778. — Tours, imprimerie E. ARRAULT et Cⁱᵉ.

www.ingramcontent.com/pod-product-compliance
Lightning Source LLC
Chambersburg PA
CBHW052243220526
45471CB00001B/169